복 있는 사람

오직 여호와의 율법을 즐거워하여 그 율법을 주야로 묵상하는 자로다.
저는 시냇가에 심은 나무가 시절을 좇아 과실을 맺으며 그 잎사귀가 마르지 아니함 같으니
그 행사가 다 형통하리로다. (시편 1:2-3)

Karl Rahner

Gebete des Lebens

칼 라너의 기도

2019년 12월 17일 초판 1쇄 인쇄
2019년 12월 23일 초판 1쇄 발행

지은이 칼 라너
옮긴이 손성현
펴낸이 박종현

도서출판 복 있는 사람
주소 서울특별시 마포구 연남동 246-21 (성미산로23길 26-6)
전화 02-723-7183(편집), 7734(영업 · 마케팅)
팩스 02-723-7184
이메일 hismessage@naver.com
등록 1998년 1월 19일 제1-2280호

ISBN 978-89-6360-323-0 03230

이 도서의 국립중앙도서관 출판예정도서목록(CIP)은
서지정보유통지원시스템 홈페이지(http://seoji.nl.go.kr)와 국가자료공동목록시스템
(http://www.nl.go.kr/kolisnet)에서 이용하실 수 있습니다. (CIP 제어번호: 2019048510)

Gebete des Lebens
by Karl Rahner

Copyright ⓒ 2012 by Karl Rahner
Originally published in German under the title
Gebete des Lebens
by Verlag Herder GmbH, Freiburg, Germany.
All rights reserved.

This Korean translation edition ⓒ 2019 by The Blessed People Publishing Co., Seoul, Republic of Korea.
This translation of *Gebete des Lebens* first published in 2012 is published by arrangement with Verlag Herder GmbH, Freiburg, Germany.

이 한국어판의 저작권은 Verlag Herder GmbH와 독점 계약한 도서출판 복 있는 사람에 있습니다.
신저작권법에 따라 한국 내에서 보호받는 저작물이므로 무단 전재와 무단 복제를 금합니다.

칼 라너의

기도

Gebete des Lebens

손성현 옮김

복 있는 사람

하나님을 파악하는 것의 불가능성,
우리 가까이에 있는 그 불가능성의 한복판에 거하되
하나님께 직접 사랑을 받는다는 것,
첫 선물과 마지막 선물은
그분이 무한성과 파악 불가능성 그 자체라는 것,
그것은 너무나 두렵지만 또한 복된 일이다.
어쨌든 우리에게는 선택의 여지가 없다.
하나님이 우리와 함께 계신다.

칼 라너

차례

추천의 글 기도를 통해 진리의 세계에 스며들다 9
옮긴이의 글 모든 사람을 위한 칼 라너의 기도 12

I. 하나님 앞에서

하나님 앞에서 23
내 생명의 하나님 31
내 영원한 지식, 하나님 41
내 기도의 하나님 49
내 주 예수 그리스도의 하나님 58
피조 세계를 찬양함 67

II. 그리스도와 함께

그리스도, 모든 것 안에 계신 모든 것 75
성탄절에 드리는 기도 78
고난을 묵상하며 79
예수께서 남기신 마지막 일곱 말씀 82
예수, 그리고 그분의 삶—지금 여기 계심 100
올리브 산의 고난 앞에서 108
올리브 산의 고난이 지금 우리 안에 나타나는 것에 대하여 121
주님의 승천, 그리고 여기 계심 132
그리스도를 따라서 134
당신을 따르는 길, 이웃 사랑 139
하나님의 말씀, 나를 향한 언약 141
예수를 만나는 것 144

III. 성령 안에서

성령 149

하나님이 주신 자유 154

내 일상의 하나님 156

은혜로 사는 삶 165

희망을 구하는 기도 170

죄의 비참함에 대하여 177

교회를 위한 기도 181

제단의 성례전 186

성만찬과 일상 191

한 평신도의 기도 193

정의와 박애를 위한 기도 196

평화를 위한 기도 200

문화를 창조하는 이들을 위한 기도 205

산 자의 하나님―이 세상을 떠난 이들을 떠올리며 210

오소서, 주님 219

은혜와 심판 사이에서 229

죽은 자의 부활 233

마지막에 대한 복 238

함께 기도―모든 그리스도인의 일치를 위하여 242

일러두기

- 이 책은 칼 라너Karl Rahner의 *Gebete des Lebens*(Verlag Herder, 2012)를 번역한 것이다.
- 인명과 지명 등은 국립국어원의 외래어 표기 원칙을 주로 따랐으며, 중요한 고유명사의 규범적 표기는 2017년 종교개혁 500주년 기념사업으로 발표한 루터교회와 가톨릭교회의 공동위원회 보고서 『갈등에서 사귐으로』(한국그리스도교신앙과직제협의회, 2017)와 교육부 편수 자료(2017)를 참조했다.
- 성서 인용은 『성경전서 개역개정판』 제4판(대한성서공회, 2005)을 주로 따랐으며, 부분적으로 문맥상 더 적합한 표현으로 변경하거나 저자가 인용한 성서 번역을 옮기기도 했다.

기도를 통해
진리의 세계에 스며들다

나는 무엇을 알 수 있는가? 나는 무엇을 해야 하는가? 나는 무엇을 희망할 수 있는가? 칸트가 던진 이 질문들은 "도대체 인간이란 무엇인가?"라는 하나의 물음으로 수렴된다. 인간은 유한하지만 무한의 세계를 엿보거나 상상하려 한다. 인간은 그래서 위험하고 무모하다. 말할 수 없는 것을 말하고자 하는 것, 볼 수 없는 것을 꿰뚫어 보고자 하는 것, 그것이 어쩔 수 없는 인간의 욕망이다.

그러나 인간은 자기 능력과 힘의 한계에 직면할 때, 인식의 절벽에 부딪힐 때 하나님의 도우심을 구한다. 히브리 시인들은 곤경 가운데서 만난 하나님의 아름다우심과 든든함을 은유적 표현 속에 담아냈다. 빛, 노래, 구원, 목자, 반석, 산성, 요새, 망대, 피난처, 방패, 등불…. 이 표현들 하나하나에는 삶 속에서 인간이 겪을 수밖에 없는 난감함 또는 한계 상황이 반영되어 있다. 그 기막힌 상황을 견딜힘이 하나님으로부터 왔음을 알기에 그들은 적절한 은유로 그 은혜의 신비를 노래한 것이다.

『칼 라너의 기도』는, 우리의 기도가 삶의 즉자적 필요를 충족하기 위해 드려져서는 안 된다는 사실을 보여준다. 칼 라너Karl Rahner, 1904~1984는 20세기의 가장 위대한 신학자로 손꼽히지만, 기도를 통해 하나님의 구원과 은총의 세계 속으로 더 깊이 들어가려 했다. 그에게 기도는 하나님의 존재 또는 세계에 대한 질문이고, 존재 깊은 곳으로 스며들기 위한 몸부림이다. 라너는 "기도는 내면의 피 흘림 같은 것, 고민과 고통 속에서 내적인 인간의 심혈이 고요히 존재 깊은 곳으로 스며드는 것"이라고 말한다. 인간의 이해를 초월하는 하나님의 어둠에 다가서는 용기, 편협한 자아의 장벽을 넘어갈 각오 없이는 진정한 기도를 드릴 수 없다. 기도는 질문이요 스며듦이지만, 동시에 하나님의 뜻을 마음 깊이 긍정하고 그 뜻 안에서 자기를 잃어버리는 일이기도 하다. 자기를 잃어버림으로 자기를 넘어선다고 말해야 할지도 모르겠다. 일상의 모든 순간을 하나님의 존재 속으로 흘러가는 계기로 삼을 때, 삶은 정화되고 깊어진다. 영원한 현재를 산다는 것은 바로 그런 것이다.

칼 라너는 참을 구하는 자로서 기도하기에, '파루시아', '내세', '부활' 등에 대해서도 하나님께 여쭙기를 주저하지 않는다. 그 기도는 인식의 새로운 지평을 열어 줄 뿐 아니라, 알 수 없음을 삶의 일부로 받아들일 용기를 주기도 한다. 일례로 그는 "내가 죽음을 통과할 때 비로소 당신의 능력과 사랑과 기쁨 안에서 참된 평안을 누릴 것"이라고 고백하지만,

그것이 어떤 모습일지는 알 수 없다고 정직하게 말한다. 하나님을 신뢰하기에 그 알 수 없음조차도 받아들이는 것이다.

그의 기도문을 책상 위에 올려놓고 신학적 사고가 막힐 때마다 가만히 읊조려 본다. 마치 안식일과 같은 평화가 찾아오고, 나의 부족함을 받아들일 용기가 스며든다. 이 기도문과 더불어 하는 영적인 여행을 통해 우리 존재가 확장되는 기쁨을 맛볼 수 있으면 참 좋겠다.

김기석 청파교회 담임목사

모든 사람을 위한
칼 라너의 기도

ↄﻥ

스무 살 청년의 글은 열정적이었다. 젊고 단단했다. 그러나 쉽지 않았다. 한달음에 읽고 지나가 버릴 수 없는 빽빽함이 버티고 있었다. 맹렬하게 몰아닥칠 폭풍우를 거뜬히 버텨 낼 수 있는 깊고 치밀한 사유의 숲이 시작되는 지점이었다.

"너는 기도해야 한다. 우리는 기도해야 한다! 기도하지 않으면 땅의 것들에 매달리게 된다. 땅의 것들처럼 작아지고 그것처럼 좁아지고, 그것에게 짓눌려 결국 그것에게 팔려 버리고 말지니, 이는 우리가 우리의 사랑과 우리의 마음을 그것에게 마냥 내어 주기 때문이다. 우리는 기도해야 한다! 그래야 우리를 작고 좁게 만드는 일상에서 거리를 둘 수 있다. 그래야 하나님께 가까이 다가가고, 우리의 창조자이시며 주님이신 그분께 가닿을 수 있다. 하나님을 가까이하는 자를 하나님은 가까이하신다. 그러나 그분이 피조물에게 자기 자신을 전달하시고, 사랑으로 피조물을 감싸 안으셔서 영광을 받으실 때, 바로 그때 그분은 우리의 영혼으로 하여금 자기 현실을 깨닫게 하신다. 우리의 영혼이 얼마나 허무하고 허약한 존재인지 깨닫게 하신다. 초라한 존재의 허무함으로 가득 찬, 십자가의 상처와 고통에 대한 두려움으로 가득 찬, 알량한 자존심과 편협한 자기 중독으로 가득 찬 존재임을 알게 하신다. 그러나 그분이 기뻐하시는 때가 되면 그 영혼에 빛을 비춰 주신다. 그러면 영혼은 강력한 희망으로 가득 찬 마음, 결코 그치지 않는 사랑으로 가득 찬 마음, 드넓고 헌신적이고 순결한 마음, 그렇게 신실한 마음을 원하게 된다."

1924년, 이 청년이 독일의 월간지 『등대』Leuchtturm에 기고한 글의 제목은 「왜 우리에게 기도가 필요한가?」Warum uns das Beten not tut이다. 그 후로 60년 동안 무려 4천 편이 넘는 글을 발표하면서 전 세계가 주목하는 신학자로 자리매김할 칼 라너의 첫 저작은 기도에 관한 것이었다.

ᘒ

무슨 말로 라너를 설명할 수 있을까? 2019년 3월 30일은 라너가 세상을 떠난 지 35년이 되는 날이었다. 그를 회고하고, 그가 남긴 신학적 유산을 더욱 풍요롭게 하려는 노력이 대대적으로 진행 중이다. 가장 눈에 띄는 작업은 라너 전집의 완간이다. 2018년 4월, 독일 뮌헨의 칼 라너 재단은 총 38권의 (전체 분량은 2만7천 페이지가 넘는) 라너 전집 출간을 완료하고, 대대적인 축하 행사를 열었다. 그에 대한 찬사가 쏟아진다. 20세기가 낳은 최고의 신학자, 마르틴 하이데거의 제자, 수많은 추기경·주교·신학자들의 스승, 신학 전통과 현대 사상의 탁월한 중재자, 제2차 바티칸 공의회1962-1965의 신학 자문 위원으로 활약하며 결정적인 변화를 이끌어 낸 인물, 논쟁적인 글로 로마 교황청의 사전 검열 대상이 되기도 했지만 결국 수많은 지성의 감탄을 자아낸 웅숭깊은 저술의 달인⋯. 교회와 신학의 울타리 밖에 있는 사람들도 그의 말에 귀 기울였다.

1984년 3월 11일, 독일 제2텔레비전ZDF은 라너와의 인터뷰를 방영했다. 그가 출연한 '세기의 증인'Zeugen des Jahrhunderts은 이미 빌리 브란트, 리하르트 폰 바이체커, 칼 포퍼, 헤르베르트 폰 카라얀 등 세계적으로 명망 있는 인사들의 생생한 모습과 목소리를 방영한 바 있었다. 라너는 시종일관 자기 업적을 슬쩍 깎아내리는 투로, 그러나 진솔하게 대화에 임했다. 방송이 나가고 한 달도 되지 않아 그의 죽음이 알려졌을 때, 교회 안팎의 많은 사람들이 충격에 빠졌다.

라너의 마지막 인터뷰는 곧바로 책으로 출간되었다. 그리고 빠르게 우리말로 번역되었다.* 덕분에 그 인터뷰를 읽고 또 읽으면서, 그의 삶을

---

* 『칼 라너—그는 누구였나』(80년 생애와 사상을 돌아보는 마지막 텔레비전 인터뷰)(정한교 옮김, 분도출판사, 1985).

천천히 살펴 나갈 수 있었다. 이제는 라너를 설명할 수 있을까? 아니, 도 대체 나는 왜 라너를 설명하려고 하는가? 라너의 글을 읽어 본 사람은 그의 글이 대체로 너무 난해하다는 데 동의할 것이다. 호기롭게 그의 주 저에 손을 댔다가 미로와 같은 사상의 깊은 숲에서 헤매기 십상이다. 게 다가 그 방대한 분량을 생각하면 접근하고 싶은 마음마저 사라진다. 아 무리 중요한 신학자이면 뭐 하는가? 그는 20세기의 신학자, 심지어 독일 어권의 신학자일 '뿐'이다. 게다가 가톨릭교회의 신학자가 아닌가? 검은 숲을 멀찍이 돌아서 가고 싶은 이들에게는 오만 가지 이유가 있다. 그런 데 굳이 그곳을 가리키는 이유는 무엇인가?

그 질문에 대한 대답이 이 책이다.** 이 작은 기도집의 저자는 젊은 시 절부터 자기 이름 뒤에 대문자 SJ를 붙였다. Karl Rahner SJ—나는 이것 이 라너의 가장 중요한 정체성을 드러낸다고 생각한다. 예수회Societas Jesu 의 약자 SJ는 그의 공생애 전체를 따라다녔다. 열여덟 살의 나이로 예수 회에 입회한 라너는 평생 예수회원으로 살았다. 마지막 인터뷰에서 뚜 렷하게 밝히고 있듯이, 그는 대학에서 강의하는 철학자, 신학자가 아니 라, 구체적인 현장에서 사목적[목회적] 사명을 감당하는 예수회원이 되 고자 했다. 그런 라너가 "수도회 웃어른들"의 방침에 따라 철저하게 학 문의 길을 걸은 것은 완전히 그의 "의도 밖에 있는 일"이었다. 그는 자 신의 의도와는 다른 길을 가면서도 본래의 마음을 놓지 않았다. 그 마음

** 이 글에서는 이 책의 제목을 원제(『삶의 기도』Gebete des Lebens)에 따라 표기한다.

으로 폭넓게 대화했다. 뛰어난 학자들, 촉망받는 젊은 대학생들과 대화

했을 뿐 아니라, 빈의 출옥자 재활 센터에서 살아가는 이들과도* 대화했

다. 그리고 이 대화의 근저에는 가장 중요한 대화, 곧 하나님과의 대화

가 있었다.

　　스무 살의 젊은 예수회원 칼 라너가 처음 쓴 글이 '기도'에 관한 것이

었고, 여든이 된 그 예수회원이 마지막으로 남긴 책도 '기도'에 관한 것

이었다. 30대 라너의 기도는 『침묵으로 들어가는 말』*Worte ins Schweigen*, 1938

로 출간되었고,** 그 이후로도 꾸준히 그의 기도집이 나왔다. 라너의 여

든 번째 생일을 축하하기 위해 기획된 이 『삶의 기도』는, 그가 평생 하나

님과 대화하며 써 내려간 기도문을 한곳에 모아 놓았다. 그는 이전까지

는 다루지 않은 주제에 대한 기도문 몇 편을 추가했다. 「피조 세계를 찬

양함」 「교회를 위한 기도」 「한 평신도의 기도」 「정의와 박애를 위한 기

도」 「평화를 위한 기도」 「죽은 자의 부활」 등이 그때 라너의 가슴과 머리

와 손에서 흘러나온 기도다. 라너는 1984년 3월 5일, 여든 번째 생일을

맞아 『삶의 기도』 초판을 선물로 받았다. 그러나 같은 해 3월 30일, 그의

갑작스러운 죽음으로 인해 이 책은 그가 우리에게 남긴 이별 선물이 되

고 말았다. 예수회의 공식 발표문은 그의 죽음을 이렇게 알렸다. "칼 라

너 신부님은 여든 번째 생일을 지낸 지 얼마 안 되어 예수회 동료 수도

---

* 　칼 라너의 이런 모습에 대한 생생한 기록은 마리에타 파이츠*Marietta Peitz* 감독이 제작한 다큐멘터리
　　「하느님과 대화하는 신학자 칼 라너」(베네딕도미디어, 2010)에서 볼 수 있다.
** 　이미 절판된 한국어 번역본의 제목은 『침묵 속의 만남』(최경용 외 공역, 광주가톨릭대학교출판부,
　　1978/1994²).

자들의 기도 속에서 하나님의 품에 안기셨습니다. …그분은 교회를 사랑하셨고, 당신이 속한 수도회를 사랑하셨으며, 사랑하는 교회와 수도회를 위한 봉사의 삶을 사셨습니다."

칼 라너는 거대한 신학 사상의 숲을 조성함으로 교회와 수도회를 겸손히 섬겼다. 숲에 들어왔다가 그 너비와 깊이 때문에 혼란에 빠지는 이들을 위해서는 단아한 오솔길을 남겨 두었다. 라너가 누구보다 많이 오가며 닦아 놓은 길이다. 그 길이 '기도'다. 숲에서 길을 잃지 않으려면 그 기도로 돌아가면 된다. 길을 안다 해서 숲을 다 안다고 말할 수는 없다. 그러나 그 길을 걸으며 얼마든지 숲의 생명력과 풍요로움을 호흡할 수 있다. 자주 숲을 찾고 숲과 친해질 수 있다. 알지 못하는 영역이 훨씬 많지만, 그래서 더욱 감탄할 것이다. 마침내 이런 웅장한 숲을 만드신 분께 감사하며 복된 침묵의 기쁨을 누릴 것이다. 도저히 파악할 수 없는 하나님, 그분의 파악 불가능성을 오히려 기뻐하며 찬양할 것이다. 숲의 메시지는 처음부터 끝까지 분명하다. "믿음이란, 하나님의 파악 불가능성을 한평생 참아 내는 것이다." 놀랍지 않은가? 이것이 굳이 칼 라너를 가리키는 이유다. 이것이 기어이 그의 『삶의 기도』를 우리말로 옮긴 이유다. 그냥 지나치기에는 너무나 크고 중요한 숲이다. 게다가 길이 있지 않은가?

✎

한 사람이 라너에게 묻는다. "당신은 기도하십니까?" 라너는 꾸밈없이 대답한다. "조심스럽게 말하자면, 기도하기를 바라지요. 내가 내 삶 속에서 겪게 되는 크고 작은 사건들 안에서, 늘 새삼 우리가 하느님이라고 부르는 형언할 수 없는 사랑이신 신비에 얼마나 인접해 있는지를 정작 알아차린다면, 그리고 마치 이 신비에 나를 맡기듯이 믿고 바라고 사랑하는 자세를 취한다면, 내가 이 신비를 받아들인다면, 그렇다면 나는 기도하고 있는 것입니다. 그리고 나는 내가 그렇게 하고 있기를 바랍니다."* 두고두고 곱씹게 되는 곡진한 대답이다. 신비가 우리에게 다가온다. 그 신비를 받아들일 것인가 말 것인가, 거기에 인간의 자유가 있다. 그러나 하나님은 인간의 자유보다 먼저, 아무런 조건 없이 자기 자신을 인간에게 주신다. '하나님의 자기 전달'Selbstmitteilung Gottes이다. 이것이 라너가 말하는 '은혜'다. 그 은혜로 인해 우리는 이미 곁에 와 있는 신비를 온 존재로 받아들인다. 그렇게 기도한다. 그래서 믿는다.

『삶의 기도』 제3판부터는 라너의 마지막 기도 한 편이 추가된다. 여든 번째 생일이 지난 뒤 갑자기 건강이 악화되어 인스부르크 병원에 입원한 라너가 병상에서 집필한 기도문인 「함께 기도—모든 그리스도인의 일치를 위하여」가 그것이다. 라너는 마지막 연설에서도 '교회의 하나 됨'을 강력하게 호소했다. 예수 그리스도께서 이미 허락하신 일치를 향해 지혜롭고 대담하게 나아가는 교회의 모습을 그리워했다. 실제로 그

---

* 「하느님과 대화하는 신학자 칼 라너」(베네딕도미디어, 2010). *Karl Rahner: Im Gespräch.* hg. von P. Imhof, H. Biallowons, Bd. 2, München 1982, 81-82.

는 개신교 신학자들과 함께 과감한 연대를 시도하기도 했다. 그 때문에 가톨릭교회로부터 거센 비난에 시달렸다. 라너로 하여금 세계적인 신학자의 명성에 안주하지 않고 더욱 간절히 일치를 원하도록 한 것은, 오로지 '은혜'였음을 그의 이 마지막 기도가 가르쳐 준다. 교회의 일치를 우리의 "과제"로 선언하면서, "일치를 향해 나아가는 온전한 의지"를 간구하는 그의 글, 그의 기도는 끝까지 열정적이었다.

칼 라너의 고요한 열정은 예수회 안에, 가톨릭교회 안에 갇힐 수 없다. 그의 기도는 어느 교파, 어느 교단의 그리스도인에게도 큰 울림을 일으킬 것이다. 어쩌면, 그리스도인이라는 자의식은 없지만 간절히 신을 추구하는 누군가의 마음에도 잔잔한 파문을 일으킬지 모른다. 그러면 그들도 지금 나처럼 생각할 것이다. '놀랍다. 이렇게 기도할 수도 있다니!'

2019년 강림절 첫 주

손성현

I. 하나님 앞에서

하나님 앞에서

전능하시고 거룩하신 하나님, 당신 앞에 나아가 당신께 기도하기를 원합니다. 아버지와 아들, 그리고 성령이신 당신을 고백하고 찬양하고 경배하기를 원합니다. 당신의 크신 영광으로 인해 감사하기를 원합니다.

그러나 나의 하나님, 내가 당신께 무슨 말을 해야 할까요? 당신의 거룩하신 이름을 칭송하는 말이란 말은 모두 모아 당신을 부를까요? 이 땅에 있는 모든 이름을 당신께 드릴까요? 이름 없으신 당신께? 당신을 내 인생의 하나님이라 부를까요? 내 인생의 의미, 내 여정의 목표, 내 행위의 엄숙함? 쓰라린 시간의 쓰라림, 외로움의 고향, 나의 가장 은밀한 기쁨이라 부를까요? 창조하시고 보전하시는 하나님, 죄를 사하시는 하나님, 가까이 계신 분, 멀리 계신 분, 도무지 파악할 수 없는 분, 별과 꽃들의 하나님, 부드러운 바람의 하나님, 끔찍한 전투의 하나님, 당신은 지혜, 권능, 신실, 진실, 영원, 무한, 당신은 끝없는 자비, 당신은 정의, 당신은 사랑?

오, 나의 하나님, 내가 당신께 무슨 말을 해야 할까요? 당신이 너무 멀리 계신다며, 당신의 침묵이 너무 길고 무섭다며 투정이라도 부릴까요? 당신이 그저 가만히 계시는 것 같다며 불평을 늘어놓을까요? 당신이 그러신 것은 아니지만, 우리가 가야 할 당신의 길은 너무 혼란스러워 도무지 파악할 수도 없고, 예측할 수도 없다며 따지기라도 할까요? 그러나 주님, 내가 어떻게 그런 말을 할 수 있겠습니까? 어떻게 당신이 멀리 계신다고 불평할까요? 당신의 가까이 계심을 내심 부대껴하면서! 어떻게 당신이 가만히 계신다고 따질 수 있을까요? 그 덕분에 죄 많은 내가 아직 살아 있는데! 어떻게 당신의 길을 알 수 없다고 불평할까요? 나의 악하고 무질서한 의지가 그 길을 엉클어뜨려 놓고서!

나의 하나님, 내가 당신께 무슨 말을 해야 할까요? 나를 당신께 온전히 드리겠다고 말할까요? 나의 소유, 나의 존재가 모두 당신 것이라고 말할까요? 나의 하나님, 당신의 은혜로 나를 받아 주지 않으신다면, 어떻게 나를 당신께 드릴 수 있겠습니까? 당신이 나를 부르지 않으신다면, 내가 어떻게 당신을 섬길 수 있겠습니까? 나의 하나님, 나를 불러 주셔서 감사합니다. 물론, 당신을 섬기는 것은 힘겨운 일입니다. 그러나 지치고 겁 많은 나의 마음이 무슨 할 말이 있으며, 무슨 불평을 품겠습니까? 나의 입은 차라리 이런 내 마음의 충동을 거슬러 거짓말을 해야 합니다. '주님, 그렇습니다. 당신을 섬김이 좋습니다. 당신의 멍에는 쉽고, 당신의 짐은 가볍습니다.' 그것이 나의 진리보다 중요한 당신의 진리를 말하기 때문입니다. 당신이 내 삶 속에서 내게 원하시는 모든 것으로 인해 감사합니다. 내가 세상에 나온 날로 인해 영광 받으소서. 내가 겪었던 좋은 시간과 아픈 시간으로 인해 찬양 받으소서. 당신이 내게 허락하지 않으신 것으로 인해 경배 받으소서. 주님, 이 고집 세고 게으른 종을 섬김의 자리에서 내치지 말아 주소서. 내 마음의 주인은 당신입니다. 나 홀로 내 영원한 운명과 마주하는 그 심연 속에서도 당신이 나를 다스리십니다. 당신의 은혜는 영원한 전능의 은혜입니다.

지혜로우시고 자비로우신 사랑의 하나님, 나를 당신 앞에서 멀리 내쫓지 말아 주십시오. 내 평생 주님을 섬기는 자리를 지키게 해주십시오. 당신이 원하시는 것을 내게 요구하십시오. 당신이 원하시는 것만 내게 주십시오. 내가 당신을 섬기다 지쳐 버려도, 나를 향한 당신의 인내는 지치지 않으십니다. 당신이 오셔서 나를 도우시며, 새롭게 시작할 수 있는 힘을 주십니다. 모든 희망을 거슬러 희망할 수 있는 힘을 주십니다. 나의 모든 실패 가운데도 내 안에서 당신의 승리를 믿을 수 있는 힘을 주십니다.

나의 하나님, 내가 당신께 무슨 말을 해야 할까요? 이 말밖에는 없습니다. '나는 죄인입니다.' 그러나 그것은 나보다 당신이 잘 알고 계십니다. 당신의 말씀이 나를 비추지 않으셨다면, 나는 그 사실을 믿지도 받아들이지도 못할 것입니다. 주님, 나를 떠나지 말아 주십시오. 나는 죄인입니다. 달리 말할 수 있다면 더 낫지 않을까요? 이처럼 약하고 마음 무딘 내가, 내 안의 가장 좋은 것조차도 모호하고 불확실한 내가 당신 말고 어디로 피할 수 있겠습니까?

죄인의 하나님, 일상적이고 평범하고 비겁하고 그저 그런 죄인의 하나님! 오, 하나님, 나의 죄는 그리 대단한 것이 아닙니다. 지극히 일상적이고 평범하고 흔한 것이어서 대충 넘길 수도 있습니다. 하지만 그것은, 내가 가장 거룩하신 당신을 대충 넘어갈 때만 가능한 일입니다. 당신은 질투하는 사랑으로 우리 마음을 원하신다는 사실, 온전하고 흔들림 없는 마음, 모든 것에 준비된 마음을 간절히 원하신다는 사실, 그 사실을 우리가 잊어버릴 때만 가능한 일입니다. 오, 하나님, 내가 어디로 피할 수 있을까요? 대단한 죄인이라면, 그래도 당분간은 자기가 저지른 죄의 무시무시한 크기에 만족할 수도 있겠지요. 하지만 나의 궁색함, 마음의 게으름과 천박한 자기만족, '깨끗한 양심'을 운운하지만, 사실 적당히 중간만 지키며 살아가는 내 속사람은 얼마나 역겹습니까? 오직 당신만이 이런 인간을 참아 주십니다. 오직 당신만이 이런 나조차도 꾹 참고 사랑해 주십니다. 오직 당신만이 이처럼 가련한 마음보다 크십니다(요일 3:20). 죄인의 하나님, 미지근한 자의 하나님, 나태한 자의 하나님, 나를 불쌍히 여겨 주십시오!

주님, 보소서, 내가 당신의 얼굴을 향해 나아갑니다. 거룩하신 하나님, 공의로우신 하나님, 진리, 신실, 순수, 정의, 선이신 하나님! 당신 앞에서는 모세처럼 엎드려, 베드로처럼 말할 수밖에 없습니다. "주여, 나를 떠나소서. 나는 죄인입니다"(눅 5:8). 이제 압니다. 내가 당신께 말할 수 있는 것은 이 말 한마디뿐입니다. '나를 불쌍히 여기소서.' 나는 당신의 자비가 필요합니다. 죄인이기 때문입니다. 나는 당신의 자비를 입을 만한 자격이 없습니다. 죄인이기 때문입니다. 그러나 내게는 당신의 무조건적인 자비를 향한 겸손한 갈망이 있습니다. 비록 죄인이지만 완전히 버림받지는 않았기 때문입니다. 이 땅 위에 살아가지만 하늘의 선하심을 그리워하는 인간, 무조건 베푸시는 자비의 선물을 기쁨의 눈물로 겸손히, 기꺼이 받아안는 인간이기 때문입니다.

주님, 여기를 보소서, 나의 비참함을 보소서. 내가 당신 말고 누구에게 가겠습니까? 당신이 나를 참아 주신다고 생각하지 못한다면, 어떻게 내가 나를 참을 수 있겠습니까? 당신이 지금도 나를 선대해 주심을 느끼지 못한다면 어떻게 그럴 수 있겠습니까? 나의 비참함을 보십시오. 당신의 종을 보십시오. 게으르고 고집 세고 경박한 이 종을 보십시오. 나의 보잘것없는 마음을 보십시오. 그 마음은 당신께 꼭 필요한 것 하나만 겨우 드립니다. 당신을 사랑하는 마음으로 한껏 드리는 것은 원하지 않습니다. 나의 기도를 들어 보십시오. 정말 마지못해, 무뚝뚝하게 드리는 기도입니다. 내 마음은 당신과 나누는 대화를 오래 견디지 못하고, 뭔가 다른 이야기로 넘어가는 것을 더 좋아하곤 합니다. 내가 하는 일을 보십시오. 간신히 꾸역꾸역 해냅니다. 억지로 어쩔 수 없이 합니다. 당신을 향한 신실한 사랑으로 기쁘게 일한 적은 거의 없습니다. 내가 하는 말을 들어 보십시오. 나 자신을 잊은 선함과 사랑의 말은 찾아보기 어렵습니다. 오, 하나님, 보십시오. 대단한 죄인도 아닌 그저 그런 죄인입니다. 죄도 작고 초라하고 사소합니다. 의지와 감정, 감각과 능력도 모든 면에서 그저 그렇습니다. 최고의 성과라는 것도 별 볼 일 없습니다. 그러나 하나님, 내가 이것을 곰곰이 생각해 보면 큰 충격을 받습니다.

내가 나 자신에 대해 말할 수 있는 것이 고작 이런 것인가? 미지근한 인생의 전형, 이것인가? 미지근한 자보다는 차라리 차가운 자가 낫다고 하지 않으셨습니까?(계 3:16) 이도 저도 아닌 중간, 적당히 중간을 지키는 나의 삶이란, 가장 끔찍한 것을 감추기 위한 수단, 그것을 들키지 않으려는 노력에 불과한 것 아닐까요? 자신에게 도취된 비겁한 마음, 게으르고 무감각한 마음, 관용과 아량을 모르는 마음, 그것을 들키기 싫은 것 아닐까요?

자비의 하나님, 사랑의 하나님, 넉넉히 베푸시는 하나님, 나의 가련한 마음을 불쌍히 여기소서! 이 가련하고 메마른 마음을 당신의 성령으로 변화시켜 주십시오. 당신의 심판을 두려워하여 죽어 있는 내 마음에 당신의 성령이 불처럼 타오르게 해주십시오. 그 마음이 다시 깨어날 수만 있다면! 그 마음을 두려움과 떨림으로 채워 주십시오. 절망과 낙담으로 차갑게 굳어진 마음을 털어 낼 수만 있다면! 당신의 성령으로 겸손히 뉘우치는 마음을 심어 주십시오. 그 마음이 당신의 거룩하심을 향한 갈망과 당신의 은혜의 능력에 대한 신뢰로 가득 찰 수만 있다면! 당신의 성령이 내 마음을 거룩한 참회로 연단하셔서, 하늘 생명을 시작할 수 있도록 해주십시오. 그 무엇도 꺾을 수 없는 주님의 도우심을 신뢰함으로 용감하고 민첩하게, 명랑하고 담대하게 당신을 섬기는 일에 뛰어들기를 원합니다. 당신이 그 은혜를 베풀어 주셔야만, 나는 그것이 내게 필요함을 알 수 있습니다. 당신의 자비로운 선물만이 내가 불쌍한 죄인이라는 사실을 깨닫고 인정하게 해줍니다. 오직 당신의 사랑만이 내가 나를 미워하되 낙담하지 않을 수 있는 용기를 줍니다.

거룩하신 하나님, 당신은 나를 불쌍히 여기셨습니다. 당신의 아들이 나를 위해 자기 몸을 내어 주셨습니다. 그러기에 나는 당신의 자비를 구할 수 있습니다. 그분은 죄인이 치러야 할 죄의 삯인 죽음을 직접 감당하셨습니다(롬 6:23). 그러므로 죄로 얼룩진 깜깜한 인생을 살아가면서도 절망하지 않습니다. 주님이 다시 오실 때까지 주님의 죽음을 선포하는 그 신비 앞에서 나는 경배합니다. 나를 짓눌러 부술 것만 같은 죄의 힘, 육신의 무기력에도 불구하고 나의 확신은 흔들리지 않습니다. 십자가에 달려 죽으신 분을 통해 모든 것이 변했습니다. 어둠은 빛으로, 죽음은 생명으로, 텅 빈 외로움은 가득 찬 친밀함으로, 무기력은 능력으로! 십자가에서 죽으시고 부활하신 분이 나를 위해 임재하시는 성만찬을 통해, 가련한 죄인인 나는 자비의 아버지요, 모든 위로의 하나님이신 당신께 이렇게 말할 수 있게 되었습니다. '오, 하나님, 당신의 풍성하신 긍휼로 나를 불쌍히 여기소서.' 그리고 나의 가련한 마음은 당신의 선하심을 영원히 찬양할 것입니다. 아멘.

칼 라너의 기도

내 생명의 하나님

주님, 당신과 이야기하고 싶습니다. 그렇다면 당신에 대한 것 외에 다른 할 말이 있을까요? 당신에게서 시작하지 않은 것이 있을까요? 당신의 영과 당신의 가슴에 뿌리를 두지 않은 것, 거기서 나지 않은 것이 있을까요? 그러니 내가 무엇을 말하든 결국은 당신에 대한 말이 아닐까요? 하지만 당신과 함께, 당신에 대해 조용히, 조심스럽게 말하다 보면, 자꾸만 나 자신에 대해 한마디 하게 됩니다. 당신에 대해 말하고 싶은 나 자신에 대해서 말입니다. 내가 당신에 대해 무언가 말한다면, 당신이 나의 하나님이시고, 나의 처음과 끝이시며, 내 기쁨과 고난의 하나님, 내 생명의 하나님이시라는 것 외에 다른 할 말이 뭐가 있을까요? 물론, 당신은 단순히 '내 생명의 하나님'으로 그치는 분이 아닙니다. 그렇다면 하나님이라고 할 수도 없을 것입니다. 나는 당신을 아버지, 아들, 성령으로 부르며 경배합니다. 세 번 거듭되는 거룩한 신비, 당신의 생명의 신비는 당신의 무한성의 심연에 감추어져 있기에, 이 세상에서는 그 흔적을 찾을 수 없으며, 아무런 흔적이 없기에 우리 식으로 이해할 수도 없는데, 그럼에도 나는 그 신비를 믿고 고백합니다. 그렇다면 당신이 나에게 당신 생명의 이런 비밀을 스스로 알리신 것일까요? 은혜 가운데 당신의 생명이 나의 생명이 되지 않았던들, 셋이면서 하나이신 당신이 내 생명의 하나님이시지 않았던들, 어떻게 내가 당신을 사랑할 수 있었을까요? 아버지이신 당신, 아버지의 가슴에서 나온 영원한 말씀이신 당신, 아버지와 아들의 영이신 당신을 어떻게 고백하고 사랑할 수 있었을까요?

내 생명의 하나님! 하지만 내가 당신을 나의 하나님, 내 생명의 하나님이라고 부를 때, 나는 도대체 무엇을 말하고 있는 것입니까? 나는 또 당신을 내 생명의 의미, 내 여정의 목표라고 부르지 않습니까? 내 행위의 엄숙함, 쓰라린 시간의 쓰라림, 나의 가장 은밀한 기쁨이라고 부르지 않습니까? 내 능력을 무능력으로 만드시는 능력, 창조하시고 보전하시는 분, 죄를 사하시는 분, 가까이 계신 분, 멀리 계신 분, 도무지 파악할 수 없는 분, 내 형제의 하나님, 내 선조의 하나님…. 내가 당신께 드리지 못할 이름이 있을까요? 그러나 내가 당신께 모든 이름을 드린다고 할 때, 내가 말한 모든 것은 무엇인지요? 당신의 무한하심 언저리에 서서, 도저히 가닿을 수 없는 당신 존재의 아득함을 향해 외치는 그 모든 말은, 초라하고 비좁은 나의 유한성 속에서 긁어모은 것이지 않습니까? 나는 당신을 다 말할 수 없습니다. 절대로!

그렇다면, 나는 왜 당신께, 당신에 대해 말하게 되는 것입니까? 왜 당신은 내가 도저히 측량할 수 없는 무한하심으로 나를 괴롭히십니까? 왜 당신은 나에게 당신의 길을 강요하십니까? 게다가 그 길은 언제나 섬뜩한 어둠 속으로 이어집니다. 당신의 어둔 밤, 오직 당신만이 환히 아시는 그곳으로 말입니다. 우리 인간에게는 손으로 만질 수 있는 것, 유한한 것만이 현실이고 잡힐 듯 가까운 것인데, 우리가 무한하시다고 말하는 당신이 내게 정말 현실이 되고 가까운 분이 되실 수 있습니까? 왜 세례를 통해 내 영혼에 당신의 낙인을 찍어 놓으셨습니까? 왜 우리를 밝고 안전한 우리의 움막에서 끌어내어 당신의 어둠에 다가가게 만드는 빛, 믿음의 빛을 붙여 주셨습니까? 왜 나를 당신의 사제로 만드셨습니까? 인간을 위해 당신과 함께 있는 것이 사제의 소명이건만, 당신에게서는 우리 같은 유한성의 숨결을 느낄 수 없습니다.

주님, 저 많은 사람들을 보십시오. (내가 함부로 그들을 평가하고 있다면 용서하십시오.) 그들은 당신을 거의 생각하지 않고 살아갑니다. 그들의 영혼과 마음을 초조하게 하는 처음과 끝은 당신이 아닙니다. 그들은 당신 없이도 이 세상에서 잘 살고 있습니다. 세상을 속속들이 잘 압니다. 당신 없이도 뭐든 스스로 계획하고 추진합니다. 그들에게 당신은 그저 세상이 지금처럼 아무 문제 없이 굴러가도록 해주시는 분, 그래서 있으나 없으나 매한가지인 그런 분 아닐까요? 말씀해 보십시오. 당신은 그들에게도 생명의 하나님이십니까? 주님, 내가 사람들에 관해 말한 것이 참인지 아닌지 모르겠습니다. 감히 누가 타인의 마음을 알 수 있을까요? 나 자신의 마음도 (내가 아니라) 당신만이 아십니다. 나는 그저 다른 이들이 그럴 것이라고 생각한 것입니다. 왜냐하면―당신은 아시지요. 당신은 내 마음 깊은 곳을 보고 계십니다. 당신은 숨어 계신 분, 그러나 당신 앞에서는 그 무엇도 숨길 수 없습니다―나의 마음속에도 내 눈에 비친 다른 이들처럼 살고 싶은 바람이 슬며시 고개를 들 때가 있기 때문입니다.

주님, 당신께, 당신에 대해 말하려 하면, 내 마음은 어쩔 줄을 모릅니다. 당신을 내 생명의 하나님으로 부르는 것 말고 다른 방법이 있을까요? 그 어떤 이름도 당신을 정확히 말할 수 없고, 그래서 나는 자꾸만 당신 아닌 다른 것으로 슬쩍 옮겨 가려는 충동을 느낍니다. 조금은 이해할 수 있는 존재를 찾으려고 합니다. 당신의 낯설음과 두려움보다는 내 마음이 더 친숙하게 느낄 수 있는 것을 찾습니다.

하지만 내가 어디로 가야 할까요? 이 모든 것이 당신의 머나먼 무한성에 감싸이지 않는다면, 자잘하고 친숙한 것들로 가득한 비좁은 움막, 큰 기쁨과 고통으로 가득한 이 땅의 생명이 내 고향이란 말입니까? 당신의 아득한 하늘이 땅 위에 드리워져 있지 않다면, 이 땅이 곧 내 고향이란 말입니까? 물론, 나는 세상 사람들이 인생의 의미라고 말하는 것에 만족할 수도 있습니다. 고집스럽고 단호하게 나 자신의 유한성을 깨닫고 그것만을 사실로 인정할 수도 있습니다. 그러나 내가 이 유한성을 깨어 있는 영혼으로 인정하고, 내 유일한 운명으로 받아들이는 유일한 근거는 내가 저 아득히 먼 곳 희미한 지평선에서 당신의 무한하신 생명이 시작되는 것을 이미 내다보았기 때문입니다. 앎을 추구하는 영혼이 자신의 유한성을 뛰어넘어 고요한 무한, 곧 당신이 가득 채우시는 소리 없는 광대함 속으로 뛰어들지 않았다면, 내 모든 유한성은 스스로를 감추는 갑갑하고 비좁은 곳으로 가라앉아 버렸을 것입니다. 그리움을 품은 고통으로 승화하지도 못했을 것이고, 단호히 모든 것을 감당하는 마음으로 나아가지도 못했을 것입니다. 무한을 향한 모든 그리움, 나의 유한성에 대한 모든 용기가 당신을 고백하는데, 내가 당신을 떠나 어디로 피할 수 있을까요?

그러므로 당신께, 당신에 대해 말하는 나는 이렇게 말할 수밖에 없습니다. 당신 없이는 내가 존재할 수 없는, 그런 분이 바로 당신이십니다.

유한한 존재인 내가 깃들어 살 수 있는 곳, 그 무한의 품이 바로 당신이십니다. 내가 당신에 대해 이렇게 말한다면, 나는 내 자신에게 진정한 이름을 준 것입니다. 그 이름은 다윗이 시편에서 항상 고백하는 이름, '나는 당신 것'*tuus sum ego*입니다. 나는 내 자신에게 속한 것이 아니라, 당신께 속해 있습니다. 그 이상은 나에 대해서 알 수 없습니다. 그 이상은 당신에 대해서 알 수 없습니다. 내 생명의 하나님, 내 유한의 무한함이시여!

당신이 내 생명의 영원한 비밀이라는 사실, 그것이 내가 당신과 나에 대해서 알고 있는 유일한 것이라면, 당신은 도대체 내게 무슨 일을 하신 것이며, 나를 어떻게 만드신 것입니까? 주님, 인간이란 얼마나 무시무시한 수수께끼인지요? 인간은 당신께 속한 존재입니다. 그런데 당신은 도무지 파악할 수 없는 분입니다. 당신의 길과 당신의 심판은 더더욱 이해할 수 없습니다. 만일 당신의 모든 행동이 당신의 자유에서 나온 것이며 그 어떤 이유도 없는 무조건적 은혜라면, 만일 내가 당신의 피조물, 내 모든 삶이 당신의 자유로운 결정이라면, 만일 내가 걷는 모든 길이 근본적으로 당신의 길, 무엇으로도 헤아릴 수 없는 당신의 길이라면, 그렇다면 나의 영혼이 그 이유를 알기 위해 아무리 노력해도 당신을 설명할 수 없을 것입니다. 내가 당신을 얼굴과 얼굴을 맞대고 본다고 할지라도, 당신은 여전히 파악할 수 없는 분입니다. 만일 당신이 파악 불가능한 분이 아니라면, 당신은 내게 속한 존재에 불과할 것입니다. 내가 당신을 파악

　　　　　　칼 라너의 기도

하고 장악할 수 있다면, 당신이 내게 속한 것이지, 내가 당신께 속한 것이 아닙니다. 하지만 그런 지옥이 또 어디 있을까요? 그것이야말로 버림받은 자의 비극이 아닐까요? 유한한 내가 또 하나의 유한한 존재와 더불어 오로지 나 자신에게만 속해 있다니, 영원히 내 유한성의 형무소 뜰 안을 어슬렁거리는 꼴입니다.

그러나 당신은 이런 나에게 고향이 되어 주실 수 있습니다. 당신은 나를 비좁은 유한성의 감옥에서 풀어 주시는 분입니다. 그런데 그런 당신이 내 인생에 또 다른 고통, 새로운 고통이 되는 것은 아닐까요? 당신이 열어 주신 문은 결국 당신의 드넓음으로 통하지 않습니까? 내 모든 생각이 결국 당신의 알 수 없음, 당신의 신비에 이르게 될 테니, 다시 한 번 내게 큰 불행을 안겨 주시는 것 아닙니까? 당신은 어쩔 줄 모르는 영혼에게 영원한 불안으로 다가오시는 분이 아닙니까? 당신 앞에서는 모든 질문이 침묵으로 가라앉아야 합니까? 당신 앞에서는 무언가를 이해하려는 시도가 맥없이 허물어지고 마는, 그래서 당신은 그저 침묵 가운데 들려오는 목소리—'그냥 그런 거야'일 뿐입니까?

참 바보 같은 질문입니다. 용서하십시오. 당신은 당신의 아들을 통해 내게 말씀하셨습니다. 당신이 내 사랑의 하나님이시라고 말입니다. 당신을 사랑하라는 계명을 내게 주셨습니다. 당신의 계명은 지키기 어려울 때가 많습니다. 당신의 계명은 내 마음이 원하는 것과는 정반대일 때가 많기 때문입니다. 당신을 사랑하라는 계명을 주시다니, 당신의 명령이 없었다면 전혀 내 마음에 들지 않는 일입니다. 당신을 사랑하는 일, 당신을 아주 친밀하게 사랑하는 일, 당신 자신의 생명을 사랑하는 일, 당신 속으로 들어가 나를 잃어버리는 일…. 그 와중에 당신이 나를 당신의 심장 속으로 받아들이심을 알고, 내 생명의 이해할 수 없는 비밀이신 당신을 아무렇지도 않게 '당신'이라 부를 수 있다는 사실을 알게 되니, 그것은 당신이 사랑 자체이시기 때문입니다. 그때 내 영혼의 문이 다 열리고 나를 전부 내려놓고 잊게 됩니다. 그때 내 모든 존재는, 나를 비참하고 공허한 모습으로 가둬 놓았던 편협성과 불안한 자기주장의 장벽 너머로 흘러넘칩니다. 내 영혼의 모든 힘은 당신을 향해 흐르고 또 흐릅니다. 다시는 이전으로 돌아가지 않습니다. 오직 당신 안에서 스러지기를 원합니다. 사랑 안에서, 내 심장의 가장 깊은 중심이신 당신, 나보다 나에게 가까우신 당신 안에서….

내가 당신을 사랑할 때, 끝없는 질문의 고통 속에서 불안하게 내 주위만 맴돌지 않게 되었을 때, 가까이할 수 없는 당신의 빛을 저 멀리 바깥에서 보는 것처럼 바라보지 않게 되었을 때, 눈먼 사람처럼 보지 않게 되었을 때, 알 수 없는 당신이 친히 사랑으로 내 생명의 가장 깊은 중심이 되어 주셨을 때, 바로 그때 나는 신비로 가득하신 하나님, 당신 안으로 들어가 나를 잊고, 나의 모든 질문도 잊어버렸습니다. 그런 사랑은 당신을 원합니다. 있는 그대로의 당신을 원합니다. 어떻게 다른 당신을 원할 수 있을까요? 그 사랑은 자기 머릿속에 있는 당신의 이미지가 아니라 당신 자신을 원합니다. 사랑 자체와 하나가 되는 당신, 오로지 그런 당신을 원합니다. 사랑하는 사람이 더 이상 자기 자신을 붙잡지 않는 순간, 당신의 이미지만이 아니라 당신 자신이 그 사람에게 속합니다. 사랑은 이렇게 있는 그대로의 당신을 원합니다. 사랑은 알고 있습니다. 사랑은 선하고 옳고, 사랑 외에 다른 이유가 필요 없다는 것을!

이처럼 당신도 사랑에 대해 선하고 옳으십니다. 사랑은 당신을 품고 있습니다. 당신이 왜 그러시는지 설명할 필요도 느끼지 못한 채, 당신의 '그냥 그런 거야'가 그 사랑의 가장 큰 기쁨입니다. 이런 기쁨을 느끼게 되면, 나의 생각은 당신을 내 쪽으로 끌어내리려고 하지 않습니다. 그렇게 당신의 영원한 신비를 걷어 내려고 하지 않습니다. 사랑은 나를 당신 쪽으로 솟구쳐 오르게 합니다. 그래서 당신 안으로 들어가게 합니다. 내가 사랑 안에서 나를 포기할 때, 당신은 내게로 오셔서 내 생명 자체가 되십니다. 그리고 당신의 알 수 없음은 사랑의 하나됨 속으로 녹아들어 갑니다. 당신을 사랑할 수 있게 되면, 당신의 알 수 없음을 아는 것이 기쁨입니다. 당신 존재의 무한함과 나의 무상함의 격차가 점점 커질수록, 그 무한함은 내 사랑이 더욱 담대해질 것을 요구합니다. 불확실한 나의 존재를 당신의 신비하신 뜻에 의탁하는 강도가 점점 커질수록, 나의 존재를 당신께, 사랑의 하나님께 맡기는 기쁨은 더욱 무조건적이 됩니다. 나의 빈약한 영혼이 당신에 대해 알 수 있는 것이 점점 적어질수록, 내 사랑은 더욱 크고 복될 것입니다. 당신의 길과 당신의 심판의 파악 불가능성이 절망적일수록 내 사랑의 거룩한 고집은 더욱 커질 것입니다.

내 생명의 하나님, 도무지 알 수 없는 분이시여! 내 생명이 되어 주십시오. 나를 당신의 어둠으로 인도하시는 하나님, 내 믿음의 하나님! 당신의 어둠을 내 생명의 달콤한 빛으로 만드시는 하나님, 내 사랑의 하나님! 내 소망의 하나님이 되어 주십시오. 내 소망은 당신이 앞으로도 내 생명의 하나님이 되어 주시리라는 것입니다. 그 생명은 바로 영원한 사랑입니다.

칼 라너의 기도

내 영원한 지식, 하나님

나의 하나님, 나는 모든 것을 면밀히 살피고 생각하고 배웠습니다. 그런데 내가 배운 것을 알고 있다는 생각이 전혀 들지 않습니다. 배워야 했기 때문에, 배우고 싶었기 때문에 많은 것을 배웠습니다. 하지만 최종 결과는 모두 똑같습니다. 결국에는 다 잊어버렸습니다. 부족하고 우둔한 마음은 하나를 잘 가라앉히지 못하면, 다른 하나를 받아들이거나 간직할 수 없기에 잊어버리는 것입니다. 어쩌면 뭔가를 배우는 순간부터 나도 모르는 무관심 같은 것이 생겨나서, 새로운 앎이라고 해 봐야 또 다른 지루함과 망각의 대상이 되기 때문인지도 모릅니다. 어쨌거나 내가 배운 것 대부분은 잊어버리기 위한 것이며, 앎의 영역에서 나의 부족함과 우둔함과 유한함을 경험하기 위한 것에 불과합니다. 여기서 '위한 것'이라는 표현은, 문법학자나 논리학자가 보면 빨간색으로 그어 버릴 잘못된 말인 것 같지만, 사실은 그렇지 않습니다.

주님, 보십시오. 잊어버림과 가라앉힘은 안타까운 예외에 불과한가요? 오히려 그것은 내 모든 지식과 학문의 필연적 귀결이 아닐까요? 만일 그렇지 않다면, 내가 배운 모든 것을 결국에는 깨닫게 되리라고 희망할 수 있을 것입니다. 그런데 그것이 아니더군요. 나는 이런 생각을 하면서 두려움에 빠지곤 합니다. 내가 학교와 대학에서 여러 과목을 수강하며 공부한 내용을 알고 있겠지, 한가한 대화를 통해 얻은 것을 알고 있겠지, 외국을 돌아다니며 본 것이나 박물관에서 본 것을 알고 있겠지 하는 생각 말입니다. 그런데 내가 그것을 알고 있다 해서 무엇이 달라질까요? 내가 더 풍요롭고 충만한 사람이 되는 것일까요? 그 모든 것을 어떻게 간직할 수 있을까요? 기억 속에 잘 저장해 놓았다가 필요한 순간에 얼른 꺼내 쓸 수 있을까요? 이 모든 것이 다 내게 필요할까요? 그렇다면 나는 인생을 처음부터 다시 한 번 시작해야 할 것입니다. 그것이 아니라면, (이상적인 경우일 테지만) 내가 알고 있는 모든 것을 의식적으로 나의 영혼 앞에 세워 두고 일일이 살펴보아야 할까요? 하지만 내가 아는 것, 내가 얻은 지식이라는 것이 나의 의식 속에 뒤죽박죽으로 뒤엉켜 있는데, 내게 무슨 도움이 될 수 있을까요? 나의 하나님, 잊어버리는 것이 좋습니다. 내가 한때 알고 있었던 것에서 찾아낸 가장 훌륭한 특징은, 그 앎이라는 것을 가라앉힐 수 있다는 점입니다. 그것이, 그리고 그것에 대한 앎이 얼마나 초라한 것인지 간파할 수 있다는 점입니다.

나의 하나님, 사람들이 말하기를—내가 이를 부정할 수 있을까요?—지식[앎]은 인간이 가진 최고의 능력이며, 인간이 사는 동안 할 수 있는 가장 본질적인 행동이라고 합니다. 게다가 당신을 가리켜, '모든 지식의 주 하나님'*Deus scientiarum Dominus*이라고도 부릅니다. 내가 여기서 무슨 말을 해야 할까요? 그 옛날 당신의 현자는 오히려 그 반대로 생각하지 않았던가요? "어떻게 사는 것이 지혜로운 것인지, 어떻게 사는 것이 어리석고 얼빠진 것인지 알아보려고 무척 애를 썼지만, 그 또한 바람을 잡는 것과 같았다. 어차피 지혜가 많으면 괴로운 일도 많고, 아는 것이 많으면 걱정도 많아지는 법이다"(전 1:17-18). 사람들은 지식이야말로 무언가를 완전히 소유할 수 있는 근원적인 방법이라고 말하지만, 내가 보기에는 지식도 사물의 표면만 건드리는 것 같습니다. 나의 진짜 모습이 있는 내 마음, 내 존재 깊은 곳까지 파고들지 못하고, 내 마음의 지루함과 황량함을 잊게 해주는 마취제에 불과합니다. 그러나 내 마음은 참된 생명을 그리워하고, 사물을 진정으로 소유하기를 갈구합니다. 그저 개념이나 언어가 아니라, 진정한 현실이 콸콸 소리를 내며 내 심장 속으로 흘러드는 그런 생명을 갈구합니다.

나의 하나님, 그저 아는 것만으로는 정말 아무것도 할 수 없습니다. 지식만으로는 현실을 내 자신의 삶으로 만들 수 없음을 고통스럽게 경험할 뿐입니다. '알아 가는 사랑'만이 내 심장과 사물의 심장이 맞닿게 할수 있습니다. 그 체험만이 나 자신을 변화시킵니다. 단순한 지식이 아닌 '알아 가는 사랑'을 통해 내가 온전히 그 자리에 있을 때, 현실과의 만남은 나를 철저히 변화시킵니다. 오직 그때 내 자신의 존재와 동일한 '앎'을 얻게 됩니다. 의식의 무대 위를 슬쩍 스치고 지나가는 그림자가 아니라, 머물러 있는 앎을 얻게 됩니다. 나 자신이 머물러 있기에 머물러 있는, 나 자신이 머물러 있는 것과 같이 머물러 있는 앎을 얻게 됩니다. 그렇게 경험하고 체험한, 겪어 낸 지식만이 권태와 망각으로 변질되지 않는 지식, 구체적으로 경험한 사랑의 지혜, 곧 알아 가는 사랑의 지혜로 마음을 채우는 지식입니다. 생각해 낸 것이 아니라 온전히 살아 낸 것, 겪어 낸 것만이 나의 영혼과 마음을 채울 수 있습니다. 인간을 지혜롭게 해주는 것은 삶의 경험이며, 배워서 얻은 지식은 그 경험을 드넓은 정신, 깨어 있는 영혼으로 만날 수 있도록 돕는 보조 수단에 불과합니다.

무한하신 하나님, 내가 당신을 언어와 개념들로만 아는 것이 아니라, 당신을 경험하고 체험하고 겪어 낸 것은 당신의 자비하심 때문입니다. 내 인생 최초의 경험도 당신이고, 최후의 경험도 당신이기 때문입니다. 그렇습니다. 우리는 우리 스스로 당신께 붙인 개념이나 이름이 아닌, 당신 자신을 경험합니다. 그것은 당신이 세례의 물과 세례의 영으로 우리 가운데 오셨기 때문입니다. 내가 머리로 짜내서 그런 당신을 생각해 낸 것이 아닙니다. 조금 아는 것만으로도 요란하게 짖어 대는 나의 지성도 그런 당신 앞에서는 침묵할 수밖에 없습니다. 당신은 내게 묻지도 않으시고 내 마음의 운명이 되셨습니다. 내가 당신을 '파악'한 것이 아닙니다. 당신이 나를 파악하고 장악하셨습니다. 당신은 내 존재를 가장 깊은 뿌리까지 근원적으로 바꾸셨고, 내가 당신의 존재와 생명에 참여하도록 해주셨습니다. 당신에 관한 아득하고 막연한 말, 인간의 말을 전해 주신 것이 아니라, 당신 자신을 직접 선사하셨습니다. 그렇게 내 존재의 가장 깊은 중심이 되셨기에, 나는 당신을 잊을 수 없습니다. 당신이 내 안에 계시지 않는다면, 그저 눈에 보이는 모든 것에 대한 공허하고 창백한 언어만이 내 영혼을 유령처럼 떠돌아다니다가, 내 마음을 엉클어뜨리고 내 영혼을 피폐하게만 할 것입니다.

그러나 아버지 하나님, 당신은 나의 존재를 꿰뚫고 들어오는 **당신의 말씀**을 선포하셨습니다. 그 말씀은 모든 사물보다 **먼저** 계셨고, 모든 사물보다 실재적이며, 모든 실재와 생명의 기초가 됩니다. 은혜의 하나님, 유일하게 생명이 되는 그 말씀이 당신의 움직이심을 통해 내 경험이 되었습니다. 우리 영혼은 그 말씀에 싫증 내지 않습니다. 그 말씀은 하나인 동시에 무한하기 때문입니다. 그 말씀은 내 영혼이 지루해할 만큼 오래 머무는 법이 없습니다. 그 말씀은 오히려 내 영혼을 끊임없는 변동과 불안정으로부터 건져 내어 잔잔하고 기쁨 가득한 고요함으로 인도합니다. 하나 안에서 모든 것을 가진 고요함, 늘 새로운, 늘 오래된 그 소유의 고요함으로 말입니다. 내가 당신을 파악하여 알았기 때문이 아니라, 내가 당신께 당신의 아들이자 친구로 인정받았기에 당신의 말씀과 당신의 지혜가 내 안에 있습니다.

당신의 심장으로부터, 당신과 본질적으로 동일하게 태어나신 그 말씀, 내 심장 속으로 선포된 그 말씀은 바깥에 계신 말씀을 통해 내게 풀이되어야 합니다. 우리는 이 말씀을 믿음 안에서 들음으로 받아들입니다. 그럼에도 당신의 살아 있는 말씀은 내게 여전히 어둡기만 합니다. 당신이 내 심장 가장 깊은 곳에 쏟아부으신 그 말씀이 내가 알고 있는 삶의 표면에는 너무 나지막하게, 마치 먼 곳의 메아리처럼 울립니다. 사실, 내 지식이 나래를 펴는 곳은 바로 그 표면입니다. 바로 그곳에서 인간의 지식, 불만, 고민이 작동하고 있습니다. 거기에 남은 것은 쓰라린 경험뿐입니다. 인간의 지식은 스스로의 힘으로는 하나됨을 이룰 수도 없고, 생명이 될 수도 없기에 결국은 잊히게 마련이며, 잊힐 수밖에 없음을 경험하게 됩니다. 그러나 이런 고심과 고민 뒤에 있는 다른 '지식'이 내 안에서 은혜로운 현실이 되었습니다. 그것은 바로 **당신의** 말씀과 당신의 영원한 빛입니다.

영원한 빛, 내 영혼의 달콤한 빛이여, 내 안에서 점점 커지소서! 내 안

칼 라너의 기도

에서 더 크게 비추소서! 나를 밝히 비추소서! 아버지의 말씀, 사랑의 말씀이여, 내가 더욱 똑똑히 들을 수 있게 내 안에 울려 퍼지소서! 당신은 당신이 아버지께 들으신 모든 것을 우리에게 밝히 보이셨습니다. 당신의 말씀은 참됩니다. 당신이 아버지께 들으신 것은 당신 자신이며, 스스로를 환히 알고 아버지를 환히 아는 말씀이기 때문입니다. 당신은 나의 것, 인간의 모든 말을 뛰어넘는 말씀, 당신의 빛 앞에서는 땅 위의 모든 빛이 어둠이 됩니다. 당신만이 나를 비추시며, 당신만이 내게 말씀하십니다. 그 밖에 내가 아는 모든 것, 내가 배운 모든 것은 나를 당신께 이르게 하는 수단에 불과합니다. 그 모든 것은 내게도 찾아올 수밖에 없는 고통 가운데 나를 성숙시키고, 당신을 더 깊이 이해할 수 있도록 도울 것입니다. 그런 일이 일어난 다음이라면, 다시 편안히 망각 속으로 사라져 버릴 것입니다.

그때 당신은 마침내 최종적인 말씀이 되실 것입니다. 유일하게 남아 있는 말씀, 결코 잊을 수 없는 말씀이 되실 것입니다. 죽음과 함께 모든 것이 침묵하게 될 때, 내가 애써 배우고 겪어 낸 모든 것이 침묵하게 될 때, 당신의 말씀만 남을 것입니다. 영원부터 영원까지 말씀이 되시는 주님, 그때가 되면 거대한 침묵이 시작되고, 오직 당신의 목소리만이 그 침묵 속으로 선포될 것입니다. 인간의 모든 말이 그치고, 존재와 지식, 앎과 삶은 하나가 될 것입니다. "나는 내가 어떻게 인식되고 있는지 알게 될 것"이며, 당신이 내게 계속 말씀하신 것, 바로 당신 자신을 이해하게 될 것입니다. 나와 당신 사이에는 그 어떤 인간의 말도, 이미지나 개념도 없을 것입니다. 당신 스스로 사랑과 생명의 유일한 환호성이 되셔서 내 영혼의 모든 방을 채우실 것입니다.

어떤 지식도 내 마음의 갈망을 만족시키지 못합니다. 당신의 계시조차도 인간의 언어에 담기면 마찬가지가 됩니다. 당신에 대한 수많은 말들, 결국은 당신을 놓치고 마는 그 많은 말들 때문에, 내 영혼은 지치고 또 지칩니다. 이제 당신이 나의 위로가 되어 주십시오. 나의 생각은 고요한 시간에 빛을 발하다가도 다시금 일상 속에서 퇴색할 것입니다. 내게 깨달음이 찾아왔다가도 다시금 망각 속으로 가라앉을 것입니다. 내 안에는 당신의 말씀만이 살아 있습니다. 기록된바, "주의 말씀은 영원히 서리라." 당신만이 나의 지식이며 빛이며 생명입니다. 당신만이 나의 앎이며 경험입니다. 영원한 지식, 끝없는 기쁨 자체, 오직 하나의 지식이신 하나님.

내 기도의 하나님

주님, 내 기도에 대해 말씀드리려고 합니다. 내 기도가 당신께 말하려는 것을 당신은 거의 신경 쓰지 않으시는 것처럼 보일 때가 많지만, 이번 한 번만은 부디 들어주십시오. 아, 주 하나님, 내 기도가 당신 근처에도 가지 못하고 바닥에 떨어진다 해도 전혀 이상할 것이 없습니다. 내 기도를 나 스스로도 듣지 않을 때가 많습니다. 내 기도를 그저 '과제'로 여길 때가 많습니다. 얼른 끝내 버려야 기쁨을 누릴 수 있는 '숙제' 정도로 생각하기도 합니다. 그렇게 기도하는 나는 당신과 함께 있는 것이 아니라, 나의 '과제'를 붙잡고 있는 것입니다.

그렇습니다. 이것이 내 기도입니다. 인정합니다. 그러나 나의 하나님, 기도 같지 않은 그런 기도를 뉘우치고 싶은 마음은 들지 않습니다. 인간이 어떻게 당신과 이야기할 수 있겠습니까? 당신은 너무나 멀리 계시고, 도저히 파악할 수 없는 분이십니다. 기도할 때 내 모든 말은 저 깊고 어두운 곳으로 떨어져 버리는 것 같습니다. 내 기도가 당신 마음의 바닥에 닿았다고 알려 주는 메아리 같은 것도 없습니다.

주님, 한평생 기도했는데 아무런 대답도 듣지 못한다면 너무 심한 일 아닙니까? 내가 자꾸만 당신에게서 도망쳐 나와 사람이나 사물에게 가려는 마음을 이해하시겠습니까? 적어도 그런 것들은 대답을 주지 않습니까? 혹시 내가 기도할 때 찾아오는 감동이라든가 생각을 당신의 말씀이나 가르침으로 여기면 될까요? 경건하다는 사람들은 그런 일에 아주 재바릅니다. 그러나 나는 그렇게 믿기가 어렵습니다. 그런 모든 체험 속에는 결국 나 자신이 있습니다. 나 자신의 외침이 일으키는 공허한 메아리만 있습니다. 그러나 내가 원하는 것은 당신의 말씀, 오직 당신입니다. 나 자신, 나의 생각은 설령 당신과 관계된 것이라 할지라도, 아주 깊이 있다는 평가를 받는다 할지라도, 기껏해야 다른 이들에게나 쓸모 있을 뿐입니다. 나의 '깊이'가 두렵습니다. 그것은 한 인간, 그것도 평범하기 그지없는 한 인간의 얄팍함에 불과하기 때문입니다. 인간이 제아무리 '내면'의 깊은 곳을 파고든다고 해도 결국에는 자기 자신만 바라볼 뿐, 그것은 분주히 움직이는 세상의 온갖 산만함과 쓸쓸함보다도 공허하게

칼 라너의 기도

느껴집니다. 그러므로 내가 기도를 통해 내게서 벗어나 당신을 향해 나아가면서 나를 잊게 될 때, 오직 그때 나는 내 자신을 참아 낼 수 있습니다. 물론, 이것도 당신이 나에게 당신 자신의 모습을 보여주시지 않는다면, 당신이 그저 멀리만 계신다면 불가능한 일입니다. 그래서 묻고 싶습니다. 왜 당신은 침묵하십니까? 당신은 내 말을 전혀 듣지 않으시는 듯한데, 왜 자꾸만 당신께 말하도록 하십니까? 당신의 침묵은 내 말을 듣지 않으신다는 표시가 아닙니까?

아니, 어쩌면 내 말을 아주 주의 깊게 듣고 계시는 것입니까? 혹시 내가 사는 동안 내내 귀 기울이고 계시는 것입니까? 마침내 내가 당신께 나 자신을 온전히 말할 때까지, 나의 온 생명을 고스란히 말할 때까지 듣고 계시는 것입니까? 그렇게 조용히, 숨죽이고 들으시느라 침묵하시는 것입니까? 마침내 내가 스스로 **당신의** 말을 할 때까지, 당신의 영원에서 나오는 말을 할 때까지, 그래서 평생 이 세상 지독한 어둠 속에서 독백만 늘어놓던 가련한 인간이 드디어 영원한 생명으로 빛나는 말을 할 때까지, 당신이 친히 내 심장 한복판으로 선포하시는 말을 할 때까지, 당신은 그저 듣고만 계시는 것입니까? 결국 내 인생은 단 한마디 짧은 기도—다른 모든 기도는 인간의 언어로 시도한 습작—이며, 당신의 영원한 소유는 당신의 영원한 대답입니까? 당신의 침묵은 오히려 무한한 약속으로 가득한 말씀입니까? 당신이 나의 비좁은 마음의 유한성 속으로 선포하실 수 있었지만, 결국 내 마음만큼이나 빈약하고 작아질 수밖에 없었던 큰 소리의 말씀, 그보다 훨씬 풍부한 말씀, 인간이 도저히 생각해 낼 수 없을 만큼 풍부한 그 말씀이 곧 당신의 침묵입니까?

주님, 아마 그럴 것입니다. 그러나 만일 그것이 나의 불평에 대한 당신의 대답이라면, 나는 또 다른 반론을 제기할 수밖에 없습니다. 나에게는 너무나 멀리 계신 하나님, 이것은 당신의 침묵에 대한 나의 불평보다 훨씬 걱정스러운 마음에서 나온 반론입니다.

만일 내 삶이 단 하나의 기도여야 한다면, 기도를 통해 당신의 얼굴을 향해 나아가는 삶의 한 조각이 지금 내 기도라면, 그렇다면 내 삶을, 나 자신을 당신 앞에 가져갈 수 있는 힘이 내게 있어야 합니다. 그러나 보소서, 그것은 내 능력 밖입니다. 내가 기도할 때, 나의 입이 말을 합니다. 내가 '좋은' 기도를 할 때, 나의 생각과 나의 의지는 잘 익히고 훈련해 놓은 연주를 시작합니다. 하지만 그때 기도하는 말들은 나 자신입니까? 내가 기도하는 것은 나의 말이 아니고, 나의 생각이나 결심도 아니고, 나 자신이어야 합니다! 내 선한 의지조차도 내 영혼의 표면일 뿐, 그 의지가 너무 약해 내 존재의 가장 깊은 곳까지 파고들지 못합니다. 진정한 내가 있는 그곳, 내 생명의 감춰진 물이 나름의 법칙에 따라 상승하기도, 추락하기도 하는 바로 그곳 말입니다. 그런데 나 자신을 다스리는 힘이 내게 얼마나 부족한지요! 내가 당신을 사랑하기를 **원한다**지만 정말 당신을 사랑하고 있습니까? 사랑이란, 당신께 흘러들어 사라짐이요, 존재의 가장 깊은 곳에서 당신께 매달림입니다. 사랑의 기도라는 것이 내 마음의 최종적 근거를 내어 드리는 것이라면, 내 영혼 가장 깊숙한 곳에 있는 방문을 여는 것이라면, 그런데 나는 그 은밀한 문을 열 힘이 없고, 마치 음습하고 무거운 땅속에 묻힌 듯 옴짝달싹도 하지 않는 그 궁극적인 비밀 앞에 너무도 무기력해서 나의 일상적인 자유의 영역으로 나아가지 못하고 있다면, 어떻게 내가 사랑의 기도를 드릴 수 있겠습니까?

나의 하나님, 기도가 꼭 열광과 감격의 도가니일 필요는 없다는 것을 알고 있습니다. 그런 모습은 아니더라도, 기도는 당신의 능력과 섭리에 온전히 나를 맡겨 당신 앞에 아무것도 감추지 않게 되는 것입니다. 진정한 기도는 즐거운 환호성이어야 할 필요도 없고, 아무 걱정 없는 헌신의 찬란한 광채여야 할 필요도 없습니다. 기도는 내면의 피 흘림 같은 것, 고민과 고통 속에서 내적인 인간의 심혈이 고요히 존재 깊은 곳으로 스며드는 것입니다. 오직 당신만이 나의 생각과 감정과 결정이 아닌 나 자신을 원하시니, 기도 속에서 당신만이 원하시는 그것, 나 자신을 드릴 수만 있다면, 어떻게 기도하든 문제가 되지 않습니다. 진정한 문제는 내가 나를 드릴 능력이 없다는 사실입니다. 그 이유는 내가 어쩔 수 없이 내던져져 있는 내 삶의 얄팍함, 그 일상적인 얄팍함으로 인해 내가 스스로에게도 낯설고, 내가 진정으로 나와 함께 있지 못하기 때문입니다. 내가 나 자신도 찾지 못했는데, 어떻게 당신을, 저 멀리 계신 하나님을 찾으며, 어떻게 나 자신을 당신께 맡기겠습니까?

나의 하나님, 이런 나를 긍휼히 여기소서. 나는 기도를 피하고는 있지만, 당신을 피하려는 것이 아닙니다. 피상적으로 살아가고 있는 나에게서 벗어나려는 것입니다. 당신의 무한하심과 거룩하심으로부터 도망치려는 것이 아닙니다. 내 영혼의 공허한 광장의 황량함으로부터 도망치려는 것입니다. 나는 이 광장에서 정처 없이 방황하고 있습니다. 나는 이 세상에서 도망치고 있지만, 내 마음의 참된 성전에는 들어갈 수가 없습니다. 오직 당신만이 계시며, 당신만을 경배하는 그곳에 들어가지 못하고 있습니다. 당신이 계시는 곳에서 쫓겨난 나, 당신의 교회 밖 광장으로 내쳐진 나는, 안타깝게도 세상적인 부지런함으로 이 광장의 일부로 살아가고 있다는 사실, 아, 자비로우신 당신은 이를 이해하시지 않을까요? 기도하는 나는—적어도 당신의 유창한 침묵을 통해—당신께 이끌리지 못하고 이 세상을 향해 침묵을 명령하는데, 이로써 맞게 되는 유일한 결과는 무시무시한 고요함이며, 내게는 이 고요함보다는 부지런히 움직일 때 생겨나는 공허한 소음이 더 달콤하다는 사실, 자비로우신 당신은 이를 이해하시지 않을까요?

나는 어떻게 해야 합니까? 당신은 나에게 기도를 명하지 않으셨습니까? 당신의 은혜를 힘입고도 할 수 없는 일이라면, 어째서 당신이 나에게 명령하셨겠습니까? 나는 당신이 나에게 기도의 일을 맡기셨으며, 나는 당신의 은혜로 그 일을 해낼 수 있음을 믿습니다. 그렇다면 당신이 내게 요구하시는 기도는 오직 당신을 향한 기다림입니다. 이미 내 존재의 가장 깊은 중심에 계시는 당신이 그 안에서 내게 문을 열어 주셔서 마침내 나도 내 안으로, 내 생명의 감춰진 성소로 들어가, 거기 당신 앞에 내 심혈의 잔을 쏟아부을 수 있을 때까지 잠잠히 준비하고 서 있는 것입니다. 그때가 내 사랑의 시간이 될 것입니다. 그 시간이 어느 날 '기도'—보통 우리는 그렇게 부르지요—가운데 오든지, 내 영혼의 구원을 결정하는 시간에 오든지, 내 생명이 끝나는 죽음의 시간에 오든지, 그 시간이 내 삶의 특정한 순간으로 뚜렷하게 느껴지든지 그러지 않든지, 그 시간이 오래가든지 짧든지, 그 모든 것은 당신만이 아십니다. 어쨌든 나는 내 삶의 최종적인 결단을 위한 문을 당신이 열어 주실 때—어쩌면 그 문이 너무 조용히, 눈에 띄지 않게 열릴 수도 있으니—세상일에 정신이 팔린 나머지, 그 문으로 들어가 나를 만나고 당신을 만날 수 있는 기회를 놓치지 않도록 잘 준비해야 합니다. 잘 기다려야 합니다. 그때가 오면 나는 떨리는 두 손으로 나 자신을 받쳐 듭니다. 아니, 그것은 이름 없는 어떤 것입니다. 나의 모든 힘과 속성들이 근원에서처럼 하나로 아우러져 있는 어떤 것, 이름 없는 그것을 사랑의 제물로 당신께 돌려드릴 것입니다. 어쩌면 그 시간이 나의 삶에서 이미 시작되었는지 아닌지는 알 수 없습니다. 어쨌든 그 시간이 내 죽음과 더불어 완전히 끝나리라는 것, 그것만은 알고 있습니다. 이처럼 복되면서도 두려운 시간, 내 사랑의 시간에도 당신은 여전히 침묵하시며, 나 자신이 말하게 하실 것입니다.

신학자들은 그 시간에 경험하는 당신의 침묵을 '영혼의 밤'이라고 부릅니다. 그것을 경험한 이들을 흔히 '신비주의자'—쓸데없는 상상을 하게 만드는 단어랍니다—라고 부릅니다. 사실, 그들은 영원한 결단의 시간, 사랑의 결단의 시간을 다른 이들처럼 체험하는 것에 그치지 않고, 그 체험 속에 있는 자기 자신을 응시할 수 있었던 사람들입니다. 그렇게 당신의 침묵에 감싸인 **나의** 사랑의 시간이 지나면, **당신의** 사랑의 날이 올 것입니다. 가장 행복한 바라봄*visio beatifica,* 至福直觀의 시간입니다. 그런데 지금 나는 내 시간이 언제 올지 모르고, 그 시간이 이미 시작되었는지 아닌지도 모르기 때문에, 당신과 나의 성소 앞에 있는 대기실에서 기다려야 합니다. 그곳에 남아 있는 세상 소음을 치워 버려야 합니다. 그때 엄습하는 쓰라린 고요함과 황량함—감각의 밤—을 당신의 은혜와 깨끗한 믿음으로 견뎌 내야 합니다. 이것이 내가 일상적으로 드리는 기도의 궁극적 의미입니다. 내 기도를 들으시며 당신이 기뻐하시는 것은, 기도 속에서 내가 무슨 생각을 하는지, 무엇을 결심하고 느끼는지가 아닙니다. 나의 얄팍한 생각과 바람이 아닙니다. 이 모든 것은 내 영혼이 기도를 통해 당신께 들어갈 수 있도록 허락되는 그 시간을 위해 준비시키시는 당신의

칼 라너의 기도

명령, 당신의 은혜입니다. 오, 내 기도의 하나님, 내게 자비를 베푸소서.

기도 가운데 당신을 기다릴 수 있도록 하소서.

내 주 예수 그리스도의 하나님

나의 하나님, 당신은 끝이 없으신 분, 경계가 없으신 분입니다. 존재하는 모든 것, 존재 가능성이 있는 모든 것은 당신 안에서 영원히 현실성을 갖게 됩니다. 내가 알고 있는 모든 것은, 그것이 어떤 것이든 계속 거슬러 올라가면 결국 당신의 영에서 생겨난 것입니다. 내가 갈망하는 것은 당신이 언제나 가지고 계신 것, 내가 사랑하는 것은 근본적으로 당신의 사랑이 이미 끌어안고 계신 것, 바로 당신입니다. 내가 무엇을 갈망하고 무엇을 궁리하든, 당신은 지혜, 능력, 선, 생명, 힘이십니다. 그런데 당신은 어떻게 한번에 그 모든 것이신지요?

칼 라너의 기도

내가 살고 있는 이곳에서 내가 아는 것, 원하는 것, 사랑하는 것은 언제나 갈라지고 쪼개져 조각이 됩니다. 생각은 창백하고 생기가 없으며, 선량함은 너무나 무력합니다. 권력은 무정하고, 무엇이든 개의치 않는 삶의 의욕은 우매하고 잔인합니다. 우리의 눈에 좋아 보이는 것을 우리의 비좁은 유한성 안에 모두 집어넣을 수가 없습니다. 생명과 지혜, 선함과 권력, 강함과 부드러움, 그리고 다른 힘들…. 무엇 하나 놓치고 싶지 않습니다. 우리가 할 수 있는 것은 오직 하나, 그래서 우리가 해야 할 일은 모든 것을 잘 정돈하는 것입니다. 각각의 힘에 알맞은 자리를 찾아내고 그 분량을 헤아려서, 어느 하나가 삶 전체를 모조리 빨아들여 다른 것들을 다 없애 버리는 일이 없도록 해야 합니다. 우리는 항상 '질서'와 중용을 지켜야 합니다. 정신이 영혼의 원수가 되지 않도록, 선함이 약함이 되지 않도록, 강함이 야비한 폭력이 되지 않도록 주의를 기울여야 합니다. 이 모든 힘은 우리의 유한한 삶을 둘러싸고서 각자의 지분을 뺏기지 않은 채, 우리 안에서, 우리를 통해 자기를 실현하고 생존하려 합니다. 우리의 유한한 능력은 작고 초라한 계량컵에 담긴 물과 같아서, 한 방울이라도 아끼려고 여기 조금 따르고 저기 조금 따르는 형편입니다. 어떤 것에도 우리 인생을 완전히 쏟아부어서는 안 됩니다. 어떤 것에도 우리를 낭비해서는 안 됩니다. 괜히 그랬다가는 그 맹목성과 무절제함으로 끝장나고 말 테니까요. 이 모든 것을 잘 아는 사람은 사랑하기가 어렵습니다. '전능한' 사람들은 대개 엄격하고 딱딱하지요. 미모가 뛰어난 사람들은 보통 머리가 좋지 않다는 소문도 있습니다. 어떻게 유한한 우리가 한번에 모든 것일 수 있을까요?

깊이 생각해 봅니다. 모든 것을 아는 전지(全知), 그런데 영원한 사랑을 담고 있는 전지가 있을까요? 모든 것을 할 수 있는 전능(全能), 그런데 가없는 자비를 품은 전능이 있을까요? 혈기 왕성한 생명, 그래서 더욱 생생한 영혼을 간직한 생명이 있을까요? 아름다움, 그런데 영혼과 지혜가 깃든 아름다움이 있을까요? 크고 위대함, 그것은 모든 경계를 넘어 무한정자라고, 여지없이 장벽을 무너뜨리면서 점점 더 뻗어 나가고, 인정사정없이 자신을 관철시키는데, 그렇게 다른 모든 것을 없애는 것이 아니라 다른 모든 것으로 존재하는 그런 위대함이 있을까요?

나의 하나님, 바로 당신입니다! 당신은 모든 것 안에 있는 모든 것, 낱낱의 개체 안에서 모든 것이 되십니다. 우리가 당신 안에서, 당신의 한계 없으심 속에서 생각하는 낱낱의 개체는, 자기 세계에서 다른 개체를 몰아내는 것이 아니라 다른 개체에도 그 나름의 크기에 맞는 공간을 한없이 허락해 줍니다. 당신 안에서 지식은 점점 뻗어 나가 모든 것을 아는 지식이 되고, 모든 것을 아는 지식은 모든 것을 할 수 있는 힘, 곧 전능이 됩니다. 그리고 당신의 엄격하면서도 풍요로운 전능은 선함이 되니, 그 선함은 누구도 거스를 수 없는 힘입니다. 그러므로 나의 비좁은 유한성

칼 라너의 기도

안에서는 제한되고 제압되고 제거되어야 했던 것이 당신 안에서는 하나의 무한성이 됩니다. 그 무한성은 동시에 통일성이기도 합니다. 하나님 당신의 속성들 하나하나는 언제나 그 자체로 당신의 온전한 존재, 측량할 수 없는 전체로서 모든 존재를 그 안에 담고 있습니다.

그러므로 어떤 경우라도 사랑할 수 있는 이, 아무런 조건 없이 무한정 사랑할 수 있는 이, 질서나 분수를 지키려고 노력할 필요 없이 사랑할 수 있는 이, 우리가 무엇을 사랑하든 사랑할 수 있는 이, 적어도 한 분 계시니 바로 당신입니다. 당신의 거룩한 무절제함을 사랑한다면, 질서와 절제를 강요하는 우리의 삶도 견딜 만한 것이 됩니다. 당신 안에서라면 우리 마음은 그리움을 품고 무한의 세계로 날아오를지라도 길을 잃는 법이 없을 것입니다. 당신 안에서라면 우리는 한 사람에게, 또는 하나의 개체에 온 마음을 쏟아붓더라도 그것을 통해 모든 것을 찾게 될 것입니다. 당신 안에서는 하나하나가 모든 것이기 때문입니다. 우리가 당신 속으로 찾아 들어가는 사랑 안에서 우리 자신을 다시 발견하게 된다면, 적어도 그 사랑의 순간만큼은 우리의 비좁은 유한성의 울타리가 허물어집니다. 그러면 우리는 일상 속에서도 우리에게 주어진 유한성을 다시금 편안히 받아들입니다. 당신의 무한하심은 우리의 유한함의 구원입니다.

그런데 나의 하나님, 내가 당신께 고백할 것이 있습니다. 내가 당신의 무한하심을 생각하면 할수록 바로 그 때문에 더욱 두려워집니다. 당신의 그 모습은 나만의 안전함 속에 숨어 있는 나를 위협합니다. 당신의 그 모습 때문에 나는 우왕좌왕 갈피를 잡지 못합니다. 두려움과 전율에 휩싸입니다. 당신의 무한하심 안에서는 모든 것이 다 똑같은데, 결국 그 무한하심은 오직 당신만을 위한 것 같다는 생각이 들기도 합니다. 물론, 당신은 당신의 모든 속성과 행동으로 모든 것이 되십니다. 당신은 모든 것 안에서 모든 것이십니다. 나에게 오셔서 내 삶 속으로 들어오실 때도 마찬가지입니다. 당신이 특별히 신경 쓰지 않으셔도 내 삶을 파고드는 권능의 번갯불은 은은한 지혜의 빛이 됩니다. 당신은 당신의 온 존재를 당신의 권능 안으로 흘러가게 하시며, 그 권능의 물줄기는 아무렇게나 흐르지 않고 어디서라도 당신 존재로 모든 것을 채우십니다. 당신은 무자비한 심판자가 되실 수 있지만, 영원한 저주의 판결조차도 당신께는 당신의 측량할 수 없는 인자하심을 칭송하는 환호성입니다. 그러나 나에게는, 이토록 비좁은 나에게는 당신의 그 모습이 두렵고 충격적이며, 유한한 나의 세계를 완전히 무너뜨릴 정도입니다.

그러나 당신이 나를 어떻게 대하시든 당신은 인제나 동일하십니다. 당신이 나를 사랑하시든지 그저 지나치시든지, 나에게 당신의 권능을 드러내시든지 선하심을 드러내시든지, 당신의 정의를 드러내시든지 긍휼하심을 드러내시든지, 당신은 언제나 모든 현실의 무한한 일치이십니다. 이렇게 당신은 모든 존재의 유일무이한 무한성이시며, 이는 당신이 어떤 모습이시든지 변하지 않는 진리이시기 때문입니다. 바로 그래서 도저히 모르겠습니다. 당신의 무한하심을 생각하면, 도대체 당신이 내게 어떤 분이신지 모르겠습니다. 당신을 내 인생의 계산서에 넣어 보려면, 당신의 무한성, 항상 모든 것인 동시에 낱낱의 개체를 끌어넣는 그 무한성이라는 수수께끼 같은 숫자를 적어야 하는데, 그러면 내 삶의 계산서 자체가 풀리지 않는 수수께끼가 됩니다. 당신의 선하심은 언제나 거룩한 엄격하심이기도 한데, 내가 어떻게 당신의 선하심을 계산할 수 있을까요? 당신의 한도 끝도 없는 자비하심은 언제나 당신의 가차 없는 정의이기도 한데, 내가 어떻게 당신의 한없는 자비하심을 계산할 수 있을까요? 당신은 언제나 내게 모든 것, 곧 당신의 무한하심을 말씀하십니다. 그러나 그 말씀은 유한한 존재의 모든 토대를 무너뜨립니다. 당신은 내 인생의 영원한 위협이십니다. 당신은 모든 안전함에서 나를 내쫓으십니다.

주님, 안 됩니다. 당신은 내게 한 말씀만 해주셔야 합니다. 모든 것인 동시에 낱낱의 개체를 의미하는 말씀이 아닌 다른 말씀, 당신의 측량할 수 없는 통일성 안에서 모든 것과 각각의 것을 한번에 담는 말씀이 아닌 다른 말씀을 주셔야 합니다. 모든 것이 아니라 단 하나만, 오직 하나만을 의미하는 말씀을 주셔야 합니다. 내가 당신의 무한하심을 두려워하며 물러서는 일이 없도록 당신의 무한하신 말씀을 유한한 것으로 만들어 주셔야 합니다. 그 말씀이 나의 유한한 세계 안으로 들어오되, 내가 살고 있는 유한성의 비좁은 집을 부수지 않고 그 안에서 잘 어울릴 수 있도록 해주셔야 합니다. 그럴 때에만 나는 당신을 이해할 수 있습니다. 당신의 무한하심, 당신 말씀의 무한하심 때문에 내 영혼이 혼란에 빠지거나, 내 마음이 두려움에 휩싸이지 않을 수 있습니다. 모든 것을 의미하는 것이 아니라, 내가 이해할 수 있게 '가려낸 말씀'이라면 안도의 한숨을 내쉴 수 있습니다. 당신은 인간의 말을 당신의 말씀으로 삼으셔야 합니다. 그 말로 내게 말 건네셔야 합니다. 그런 말이라야 이해할 수 있습니다. 당신의 무한하신 존재, 그 모든 것을 말씀하지는 말아 주십시오. 그저 당신이 나를 사랑하신다고만 말씀해 주십시오. 그저 당신이 내게 좋은 분이라고만 말씀해 주십시오. 그러나 그 말을 하나님 당신의 언어가 아니라 나의 언어로 말씀해 주십시오. 당신의 언어에서 당신의 사랑은 곧 가차 없는 정의요 파괴적인 권능입니다. 그러니 나의 언어로 말씀해 주셔야 두려움이 없습니다. 당신의 사랑의 말씀이 오로지 당신의 선하심, 당신의 부드러운 자비하심이 아닌 다른 것이면 어떻게 하나 두려워할 필요 없도록 나의 언어로 말씀해 주십시오.

오, 무한하신 하나님, 당신은 그 말씀을 내게 들려주기를 원하셨습니다! 당신은 당신의 무한성의 바다에 명령을 내리셔서, 내 인생의 작은 밭을 두르고 있는 초라하고 낮은 담장을 덮치지 못하게 하셨습니다. 그래서 당신의 무한하심이 바로 곁에 있건만, 나는 안전히 자리 잡고 있습니다. 당신의 바다에서 나의 작고 초라한 땅으로 넘어온 것은, 당신의 온화하심을 담은 이슬, 오직 그것뿐입니다.

당신은 인간의 언어로 내게 오셨습니다. 무한하신 당신, 그러나 우리 주 예수 그리스도의 하나님이 바로 당신이기 때문입니다. 그분이 인간의 언어로 우리에게 말씀하셨습니다. 당신의 사랑의 말씀은, 더 이상 내가 두려워해야 할 어떤 것을 의미하지 않게 되었습니다. 그분이 말씀하십니다. 그분이 우리를 사랑하시며, 그분 안에서 당신이 우리를 사랑하신다고! 이 말씀은 인간의 심장에서 나온 말씀입니다. 이 말씀은 한 사람의 심장 속에서만 의미를 가질 수 있습니다. 삶 전체를 온통 기쁨으로 가득 채우는 의미입니다. 그 사람의 심장이 우리를 사랑하고 있습니다. 당신 아들의 심장, 나의 초라한 심장과 마찬가지로 유한한 그 심장이 우리를 사랑하시니—찬양받으소서!—나의 심장은 비로소 고요해집니다. 그분의 심장이 나를 사랑하신다면, 그 심장에서 나오는 사랑은 진정 오직 사랑일 뿐, 그 외에 다른 어떤 것도 아닙니다. 예수께서는 나를 사랑하노라고 참으로 말씀하셨습니다. 그 말씀은 인간이 되신 그분의 심장에서 뿜어 나온 말씀입니다. 우리 주 예수 그리스도의 하나님, 그 심장은 바로 당신의 심장입니다. 아들의 심장, 한 사람의 심장은 말로 다 할 수 없을 만큼 넓고 풍요롭습니다. 그 사랑이 말로 다 할 수 없을 만큼 풍성하고, 그 선하심이 말로 다 할 수 없을 만큼 드넓어서, 언제나 모든 것 되시는 당신의 무한하심에 대한 두려움이 깃들지 않습니다.

무한하신 하나님, 내가 언제나 내 주 예수 그리스도를 붙잡게 하소서. 당신이 내게 어떤 분이신지 그분의 심장이 내게 가르쳐 주도록 하소서. 당신이 어떤 분이신지 너무나 알고 싶을 때, 그분의 심장을 바라보기 원합니다. 내 영혼의 눈이 자꾸만 당신의 무한하심만 바라본다면, 결국 눈이 멀고 이 세상 모든 밤보다 냉혹한 어둠, 당신의 무한한 어둠이 나를 감쌀 것입니다. 그러므로 우리 주 예수 그리스도의 하나님, 나는 예수의 심장, 인간이 되신 그분의 심장을 우러러봅니다. 그럴 때면 당신이 얼마나 나를 사랑하시는지 알 수 있습니다.

또 하나의 간구가 있습니다. 나의 심장, 나의 마음을 당신 아들의 심장과 같게 하소서. 넓은 사랑, 풍성한 사랑의 마음이 되게 해주소서. 나의 인생에서 적어도 한 번은 내 형제들 가운데 한 사람이라도 그 마음의 문으로 들어가, 당신이 그를 사랑하고 계심을 깨달을 수 있게 해주소서. 우리 주 예수 그리스도의 하나님, 내가 그분의 심장에서 당신을 발견하게 하소서.

피조 세계를 찬양함

오, 하나님, 자꾸만 생각나는 것이 있어 스스로에게, 그리고 당신께 털어놓아야겠습니다. 나는 당신이 지으신 이 세계를 있는 그대로 아름답게 보지 못하고 있습니다. 성서는 당신의 피조 세계를 경이롭게 그리고 있으며, 수많은 시인들도 자연을 찬미합니다. 성 프란체스코Franziskus von Assisi, 1182-1226는 자신의 시 「태양의 찬가」에서 자연을 노래했습니다. 나는 그 노래의 마지막 연, 죽음에 대한 부분이 가장 마음에 와닿습니다.

나도 잘 알고 있습니다. 사실, 이는 순전히 내 탓입니다. 영혼의 힘이 바닥났는지 만사가 귀찮고 싫증이 나서 저 바다, 눈 덮인 산, 신비롭고 으슥한 숲, 수만 광년의 우주 그 맹렬한 움직임을 보고도 감탄할 줄을 모릅니다. 물론, 나는 라인홀트 슈나이더Reinhold Schneider, 1903-1958라는 시인처럼, 끊임없이 먹고 먹히는 일이 반복되는 자연을 보고 완전히 충격에 빠져 버린 것은 아니지만—바울은 피조물의 이런 탄식을 너무 당연한 것으로 여기지 말라고 충고하는 것 같습니다—어쨌든 나는 당신의 피조 세계, 자연의 아름다움을 직접적이고 즉흥적으로 느끼는 일이 안타깝게도 거의 없습니다. 당신의 피조 세계 안에는 보고 듣고 느낄 수 있는 것들이 충분합니다. 감사하며 마음껏 환호할 만한 것들, 그래야만 하는 것들이 넘쳐 납니다. 잘 알고 있습니다. 그런데 내 마음에서는 진정한 환호성이 터져 나오지 않습니다. 당신은 너그러우셔서 그저 나이 탓이라고 하실까요? 모든 것이 쭈그러들고 메말라 가는 나이? 이런 나를 그저 참고 있어야 할까요? 아니면 도덕적 책임을 가지고 스스로에게 명령이라도 내려서 당신의 피조 세계의 위력과 고귀함, 부드러움과 섬뜩함을 찬미하는 시인들의 합창에 끼어들어 열정적으로 노래하라고, 그래서 당신이 어떤 분이신지 느껴 보라고 할까요?

나의 주님,

당신의 모든 피조물과 함께 찬양받으소서.

특히 저 고귀한 여인,

우리의 누이 태양은 낮을 만들고,

당신의 뜻 받들어 우리를 비추는도다.

힘찬 광채로 아름답고 눈부시게 빛나는

저 태양이 생생하게 드러내는 당신,

지극히 높으신 분이여!

나의 주님,

우리의 형제 달과 별들로 인해 찬양받으소서.

당신은 그들을 저 하늘에

맑고 화려하고 아름답게 수놓으시나이다.

나의 주님,

우리의 형제 바람, 공기, 구름으로 인해,

쾌청한 날씨와 모든 날씨로 인해 찬양받으소서.

당신은 그들을 통해 만물에

생기를 불어넣으시나니!

나의 주님,

우리의 누이 물로 인해 찬양받으소서.

참 이롭고 소소하고 소중하고 순결합니다.

나의 주님,

우리의 형제 불로 인해 찬양받으소서.

당신은 그를 통해 밤을 밝히시니,

그는 아름답고 명랑하고 강하고 힘찹니다.

나의 주님,

우리의 누이, 어머니 땅으로 인해 찬양받으소서.

그가 우리를 기르고 돌보며,

때를 따라 온갖 과일과

다채로운 꽃과 풀을 선사합니다.

나의 주님,

우리의 형제 몸의 죽음으로 인해 찬양받으소서.

살아 있는 자는 누구도 그를 피해 갈 수 없습니다.

큰 죄를 짓고 죽어 가는 사에게 화가 있도다!

당신의 가장 거룩한 뜻에 고이 감싸여 죽어 가는 자에게 복이 있도다!

두 번째 죽음이 그를 막아서지 못하나이다.

나의 주님을 찬양하고 경배하라!

가장 겸손히 그분께 감사하고 그분을 섬길지어다!

칼 라너의 기도

때로는 우리의 능력을 완전히 넘어서는 언어로 기도할 수도 있습니다. 당신은 이 기도를 성 프란체스코의 말로 드리는 내 기도로 들으실 것입니다. 모든 만물을 지으신 분, 이 아름다운 세상을 지으신 주님, 아멘.

II. 그리스도와 함께

그리스도, 모든 것 안에 계신 모든 것

주 예수 그리스도, 아버지의 영원하신 말씀, 그리고 참 사람, 당신을 찬양합니다. 언제까지나 우리의 신앙과 그 신앙에 기초한 우리 삶의 생생한 비밀이 되어 주십시오. 영원하신 대제사장, 영원하신 희생 제물, 우리가 영과 진리로 당신의 아버지를 경배할 수 있는 길이 되어 주십시오. 우리의 삶은 오직 당신 안에서만, 오직 당신과 함께 무한하신 하나님을 섬기는 삶이 될 수 있습니다. 당신은 존귀하신 하나님을 섬기는 삶의 성례전이십니다.

모든 인간의 생명, 은혜의 근원이시여, 우리 영혼의 생명이 되어 주십시오. 우리를 삼위일체 하나님의 생명에 참여하게 하시는 생명이 되어 주십시오. 당신 안에서 우리는 당신의 생명에 참여합니다. 당신은 우리 영혼의 생명 너머에 있는 생명의 성례전이십니다.

우리의 죄를 대속하신 분, 우리의 죄와 연약함을 이기신 자비하신 승리자, 우리는 당신 안에서 살아가기를 원합니다. 당신의 사랑이 우리 안에서 힘차게 살아 움직이기를 원합니다. 그 사랑은 지금, 그리고 영원히 모든 죄와 맞서 싸울 수 있는 유일한 능력입니다. 당신을 통해, 당신 안에서 모든 죄로부터 우리를 지켜 주십시오. 당신은 모든 죄를 정복하는 성례전이십니다.

사랑의 끈, 일치의 상징이시여, 당신이 내게 사랑하라고 명령하신 모든 이들과 하나가 되게 해주십시오. 우리 모두가 점점 더 당신께 속한 존재가 되게 해주십시오. 우리가 참된 사랑과 공동체의 성례전이신 당신을 통해 사랑 안에서 점점 더 하나가 되게 해주십시오.

고난 가운데 승리하신 분, 십자가에 달리신 구원자, 우리는 당신 안에서 모든 어두운 시간을 견뎌 내기 원합니다. 우리에게 닥쳐오는 일을 짊어지고 당신의 사명에 참여함으로, 영원한 부활의 빛 속으로 들어가는 길과 만나게 해주십시오. 그 길은 당신과 우리가 고난의 끈으로 연결되어 있음을 보여주는 성례전을 통해 우리 앞에 난 길입니다.

영원하신 영광의 주님, 우리가 언제나 굳은 믿음과 담대함으로 당신의 영원한 생명을 고대하게 하소서. 우리가 당신을 받아들일 때, 당신의 몸이 우리에게 영원한 영광의 보증이 되게 하소서. 영원한 생명의 성례전이신 주님, 우리 심장의 궁극적 갈망을 우리에게 베풀어 주소서. 단 한 번이라도 아무런 꾸밈이나 숨김 없이 당신을 바라보며, 아버지와 성령과 함께 당신을 영원히 예배하고 싶은 갈망 말입니다. 아멘.

성탄절에 드리는 기도

우리 인생의 영원한 신비이신 하나님, 당신은 당신께 속한 말씀, 곧 사랑의 말씀의 탄생을 통해 당신의 생명이 간직하신 영광의 영원한 젊음을 우리 육체 안에, 우리 존재 안에 새겨 넣으시고, 찬란한 승리의 빛으로 빛나게 하셨습니다. 당신이 우리에게 선물로 주신 그 사랑, 당신의 존재 자체인 그 사랑은 우리의 참된 생명의 영원한 젊음이라는 것을 온갖 절망의 경험 속에서도 믿게 하소서.

고난을 묵상하며

주 예수 그리스도, 구원의 주님, 당신의 복되신 십자가 앞에 내가 꿇어 엎드립니다. 내 영혼과 내 마음을 열어 당신의 거룩하신 고난을 바라보기 원합니다. 내 가련한 영혼 앞에 당신의 십자가를 세워 놓습니다. 당신이 어떤 일을 겪으셨는지, 당신이 누구를 위해 그 일을 겪으셨는지, 조금이라도 더 잘 이해하고 온 마음으로 받아들이기 위함입니다. 당신의 은혜가 내 곁에서 나를 도우시니, 내 마음의 무뎌짐과 냉담함을 떨쳐 내고, 하루에 얼마간이라도 일상에서 벗어나 나의 사랑과 뉘우침으로, 감사함으로 당신 곁에 머물기를 원합니다.

모든 마음의 왕이시여, 십자가에 못 박히신 당신의 사랑으로 약하고 가난하고 지치고 지루한 내 마음을 감싸 안으소서. 당신을 느낄 수 있는 내면의 감각을 갖기 원합니다. 내게 가장 필요한 갈망을 일깨워 주소서. 그것은 당신과 깊이 만나는 것, 당신을 사랑하는 것입니다. 당신을 신실하게, 진정으로 마주하는 것입니다. 그것은 당신의 거룩하신 고난과 죽음을 바라볼 때에만 계속될 수 있습니다.

십자가 위에서 당신이 마지막으로 남기신 일곱 말씀을 살펴봅니다. 영원부터 영원까지 하나님의 말씀이신 당신이 이 땅에서 죽음으로 침묵하시기 전 마지막으로 주신 말씀입니다. 고통으로 가득 찬 심장에서 터져 나온 말씀, 갈증으로 갈라진 입술 사이로 새어 나온 말씀, 모든 것의 마지막 순간에 울려 나온 가슴의 말씀입니다. 당신은 이 말씀을 내게도 주셨습니다. 그 말씀이 내 가슴속으로 파고들게 하소서. 아주 깊게, 아주 내밀하게! 그 말씀을 깨닫기를 원합니다. 그 말씀을 잊지 않는 정도가 아니라, 나의 죽은 가슴에 그 말씀이 살아 역동하기를 원합니다. 그 말씀을 친히 나에게 해주소서. 내가 당신 목소리의 울림을 듣게 하소서.

언젠가 나의 죽음의 순간에도, 나의 죽음 이후에도 당신은 내게 말씀하실 것입니다. 그리고 당신의 일곱 말씀은 또 하나의 영원한 시작 또는 끝없는 끝이 될 것입니다. 오, 주님, 내가 죽는 순간에도 당신의 긍휼과 사랑에서 솟아난 그 말씀을 듣게 하소서. 그 말씀을 흘려듣지 않게 하소서. 이제 십자가 위에서 당신이 주신 마지막 말씀을 내가 기꺼이 받아들이게 하소서. 아멘.

예수께서 남기신 마지막 일곱 말씀

첫 번째 말씀

"아버지, 저들을 용서해 주소서. 저들은 자기가 하는 일을 알지 못합니다"(눅 23:34).

당신은 십자가에 달려 계십니다. 그들이 당신을 못 박아 매달았습니다. 당신은 하늘과 땅 사이 그 기둥에서 내려오지 않으십니다. 몸의 상처가 화염처럼 타오릅니다. 가시로 만든 관이 머리를 조여 맵니다. 두 눈에는 피가 고였다 흐릅니다. 두 손과 두 발의 상처는 불에 달군 쇳덩이로 사지에 구멍을 낸 것 같은 모양입니다. 그리고 당신 영혼은 슬픔과 고통과 절망의 바다입니다.

이 모든 일을 저지른 자들이 당신의 십자가 아래 서 있습니다. 그들은 가 버리지도 않습니다. 당신이 가만히 죽음을 맞으시도록 내버려 두지 않습니다. 그들은 거기 남아서 큰 소리로 웃어 댑니다. 그렇게 해도 뭐라 나무랄 자가 아무도 없다는 것을 잘 알고 있습니다. 그들이 당신께 저지른 일이 가장 거룩한 정의의 실현이요, 그들이 자랑스러워할 만한 예배라는 것을 확인시켜 주는 확실한 증거가 있기 때문입니다. 지금 당신의 처참한 모습이야말로 가장 명확한 증거입니다. 그래서 그들은 조롱하고 모독합니다. 온몸의 고통보다 더욱 끔찍한 좌절감, 인간의 사악함에 대한 좌절감이 당신 위로 무너지듯 쏟아져 내립니다. 인간이 어떻게 그렇게도 비열할 수 있을까? 저런 인간들과 당신 사이에 일말의 공통점이라도 있을까? 한 인간이 다른 인간을 마지막 죽음의 순간까지 그토록 학대해도 되는 것일까? 거짓, 비열, 배신, 위선, 간계로 끝까지 다른 인간을 고통스럽게 할 수 있을까? 그러면서도 아무렇지도 않게 스스로를 합리화하고, 죄 없는 자의 천진한 얼굴로 버젓이 재판관 행세를 하는데, 하나님은 어째서 당신의 세상에 저런 일이 일어나게 내버려 두시는가? 저 원수들의 비웃음과 조롱이 그토록 거리낌 없고 당당하게 하나님의 세상에 횡행해도 괜찮은 것일까? 아, 하나님! **우리의** 가슴은 미칠 듯한 좌절감으로 부서질 것 같습니다. 우리 같으면 저 원수들을 저주하고 하나님 당신도 저주했을 것입니다. 미치광이처럼 울부짖으면서 못 박힌 손을 끌어당겨 주먹이라도 한번 쥐어 보려고 발버둥쳤을 것입니다.

　그러나 당신은 말씀하십니다. "아버지, 저들을 용서해 주소서. 저들은 자기가 하는 일을 알지 못합니다." 오, 예수님, 당신은 도무지 알 수 없는 분입니다. 고문으로 만신창이가 된 당신 영혼, 고통으로 온통 파헤쳐진 그 영혼 속에 아직도 이런 말씀을 꽃피울 자리가 있다는 말입니까? 당신은 저 원수들을 사랑하십니다. 그들을 아버지께 맡기십니다. 그들을 위해 기도하십니다. 오, 주님, 이런 말이 우스꽝스러울 수도 있지만, 당신은 가장 터무니없는 용서로 그들을 용서하십니다. 그들은 이를 알지 못했을 것입니다. 아니, 그들은 사실 모든 것을 알고 있었습니다. 다만 알고 싶지 않았을 뿐입니다! 인간이 알고 싶어 하지 않는 것, 그러나 마음 가장 깊은 곳 은폐된 지하 감옥에서는 알고 있는 것, 인간은 그것을 미워하고 그것이 분명한 의식의 세계로 떠오르는 것을 원하지 않습니다. 당신은 저들이 자기가 하는 일을 알지 못한다고 말씀하십니다. 그들이 정말 알지 못하는 것은 오직 하나, 그들을 향한 당신의 사랑입니다. 그 **사랑**은 오직 당신을 사랑하는 자만이 알 수 있기 때문입니다. 선물로 받은 그 사랑을 알 수 있는 것은 오직 사랑이기 때문입니다.

　나의 죄에 대해서도 당신의 사랑, 도무지 이해할 수 없는 그 사랑에서 나오는 용서의 말씀을 건네주십시오. 나를 위해서도 아버지께 말씀해 주십시오. '저 사람을 용서하소서. 그는 자기가 하는 일을 알지 못합니다.' 사실은 나도 모든 것을 알고 있습니다. 하지만 당신의 사랑은 알지 못했습니다.

내가 아무 생각 없이 '주님의 기도'를 외우면서, "우리가 우리에게 죄 지은 자를 사하여 준 것 같이"라고 말할 때, 바로 이 말씀, 당신이 십자가에 못 박히시고 처음 주신 이 말씀을 생각하게 해주소서. 오, 사랑의 십자가에 못 박히신 나의 하나님, 정말 누군가가 나의 용서를 받아야 할 만큼 내게 잘못을 저지른 적이 있는지 나는 알지 못합니다. 하지만 나의 교만과 이기심이 원수로 여기고 있는 자들을 진심으로 용서하기 위해서라도 당신의 능력이 필요합니다.

두 번째 말씀

"내가 진실로 네게 말한다. 오늘 네가 나와 함께 낙원에 있을 것이다"(눅 23:43).

당신은 지금 죽음의 고통을 겪고 계십니다. 고통으로 가득 찬 당신 가슴이건만, 여전히 타인의 고통을 위한 여백을 마련해 두십니다. 당신은 지금 죽어 가고 계신데도 한 강도를 염려하십니다. 그 사람도 지옥 같은 죽음의 고통을 겪고 있지만, 스스로 인정하듯 자기가 저지른 악의 대가이기에 너무 심한 처벌이라고 말할 수 없습니다. 당신은 당신의 어머니를 보십니다. 그런데 먼저 그 잃어버린 아들과 말씀하십니다. 하나님께 버림받은 괴로움이 당신의 목을 조여 옵니다. 그런데 낙원을 말씀하십니다. 당신의 눈은 죽음의 어둠 속에서 흐려지고 있습니다. 그런데 그 눈은 영원한 빛을 보고 계십니다. 죽어 가는 사람은 오직 자기 자신만 생각하게 됩니다. 홀로 남겨질 수밖에 없는, 모든 것으로부터 버림받은 처지이기 때문입니다. 그런데 당신은 당신과 함께 당신의 나라에 들어가게 될 영혼들을 걱정하십니다. 오, 모든 것을 긍휼히 품으시는 심장이여! 오, 강하고 담대하신 심장이여!.

가련한 범죄자는 당신께 자기를 기억해 달라고 간구합니다. 그러자 당신은 그에게 낙원을 약속하십니다. 당신이 죽으시면, 그렇게 모든 것이 새로워지는 것입니까? 당신이 가까이 계시면, 죄악으로 물든 인생이 그렇게도 빨리 변하는 것입니까? 당신이 변화의 말씀을 건네시면, 강도로 살아온 혐오스러운 한 인생의 비열함과 모든 죄까지도 용서를 받고 변화되어, 그가 거룩하신 하나님께 나아가는 데 아무런 거리낌이 없게 되는 것입니까? 보소서, 물론 저 난폭한 인간에게도 약간의 선의는 있을 것입니다. 대개는 지나쳐 버렸을 것이지만요. 사악한 습관, 방탕한 충동, 야비함, 더러움, 저속함, 그런 것들이 약간의 선의와 죽기 직전의 뉘우침으로 지워지는 일입니까? 그런 자들이 너무 쉽게 당신의 나라로 들어가는 것은 아니지 않습니까? 매일 참회하며 오랜 세월 자기를 정화하는 삶을 살아온 사람들, 삼위일체 하나님을 위해 자기 몸과 영혼을 거룩하게 지키고, 하나님의 뜻을 따르기 위해 최선을 다하는 사람들이 있을진대, 강도가 이들처럼 하나님 나라로 들어가는 것은 아니지 않습니까? 그러나 당신은 당신의 은혜의 말씀, 가장 강력한 말씀을 주십니다. 그리고 그 말씀은 강도의 가슴을 파고듭니다. 그를 둘러싼 지옥의 화염을 거룩한 사랑의 불꽃, 정화의 불꽃으로 변화시킵니다. 그 불꽃은 그 사람 속에 희미하게 남아 있던 아버지 하나님의 흔적을 한순간에 찬란한 것으로 바꾸고, 하나님께 등 돌린 피조물의 죄악의 흔적을 모조리 살라 없앱니다. 그리고 그 강도는 당신과 함께 아버지 하나님의 낙원에 들어갑니다.

주님, 내게도 그 은혜를 허락해 주시겠습니까? 내가 용기를 잃지 않고, 담대하게 오직 당신의 선하심만을 의지하며 모든 것을 바라도록 해 주소서. 나 역시 가장 비참한 모습으로 버림받은 죄인이기에, 용기를 내어 이렇게 기도합니다. 주님, 당신이 그 나라에 이르실 때 나를 기억하소서! 오, 주님, 내가 이 땅에서 생명을 거둘 때 당신의 십자가가 내 곁에 있게 하소서. 내게도 말씀하시는 당신의 음성을 듣게 하소서. "내가 진실로 네게 말한다. 오늘 네가 나와 함께 낙원에 있을 것이다." 오직 이 말씀에 의지해 아버지의 나라에 들어갑니다. 당신과 함께, 당신 안에서 죽는 죽음의 정련의 힘으로 온전히 거룩해지고 깨끗이 죄를 씻어, 당신 아버지의 나라에 들어갑니다.

세 번째 말씀

"여자여, 보소서, 당신의 아들입니다. 아들이여, 보라, 네 어머니다"(요 19:26-27).

지금 죽음의 한복판에서 당신의 어머니와 함께 있는 때가 찾아왔습니다. 아무런 기적도 구할 수 없는 그저 죽음밖에 없는 지금, 그 여인이 거기 서 있습니다. 당신은 그 여인에게 이런 말씀을 하신 적이 있습니다. "여자여, 나와 무슨 상관이 있나이까? 내 때가 아직 이르지 아니하였나이다"(요 2:4). 그러나 이제 그때가 이르렀습니다. 아들과 어머니가 연결되었습니다. 그때는 이별의 시간, 죽음의 시간입니다. 과부로 살아온 어머니가 사랑하는 아들마저 빼앗기는 시간입니다.

당신의 눈은 다시 한 번 어머니를 바라봅니다. 당신 때문에 모든 일을 겪은 어머니입니다. 당신은 그녀에게 인생의 기쁨만은 아니었습니다. 당신은 그녀에게 인생의 쓰라림과 고통이기도 했습니다. 그러나 그 둘 모두 당신의 은혜였습니다. 모두 당신의 사랑이었기 때문입니다. 기쁠 때나 쓰라리고 아플 때나, 당신을 의지하고 당신을 섬겼기에 당신은 그녀를 사랑하십니다. 그녀는 그런 자세와 섬김으로 비로소 온전히 당신의 어머니가 되었습니다. 하늘에 계신 아버지의 뜻을 행하는 사람이 당신의 형제, 자매, 어머니이기 때문입니다. 처절한 고통 속에서도 당신의 사랑은 아직 지지 않았습니다. 이 세상의 한 아들과 한 어머니 사이를 오가는 다정함의 미동에 반응할 수 있을 만큼은 깨어 계십니다. 사람의 마음을 부드럽게 하고, 이 땅을 아름답게 만드는 다정하고 소중한 관계, 그것은 당신의 죽으심을 통해 거룩해집니다. 그것은 당신의 가슴속에서, 죽음으로 짓밟힌 가슴속에서도 죽지 않고 살아 있습니다. 구원을 받아 하늘 생명을 누립니다. 새로운 땅도 생겨납니다. 당신이 죽음 속에서도 이 땅을 사랑하셨기에, 우리의 영원한 구원을 위해 죽으시는 그 순간에도 한 어머니가 흘리는 눈물에 감동하셨기에, 모든 것이 가라앉는 시간에도 한 과부의 여생을 배려하시려고 한 아들에게는 한 어머니를, 한 어머니에게는 한 아들을 선물하셨기에….

그러나 당신의 십자가 앞에 서 있는 그녀가 느낀 것은, 아들의 죽음을 보고만 있어야 하는 한 어머니의 외로운 고통, 그것만은 아니었습니다. 그녀는 우리 모두를 대표해서 그 자리에 서 있습니다. 모든 산 자의 어머니로 거기 서 있습니다. 그녀는 우리를 위해 그 아들을 바쳤습니다. 그녀는 주님이 죽음을 맞으시는 순간에도 우리 모두를 대표하여 이렇게 말했습니다. "말씀대로 내게 이루어지이다." 그녀는 십자가 아래 교회였습니다. 하와의 후손이었습니다. 여인의 아들과 뱀이 벌이는 최후의 전투에서 함께 싸웠습니다. 그러므로 당신이 여인을 당신이 사랑하시는 제자에게 맡기셨을 때, 사실은 우리 모두에게 당신의 어머니를 주신 것입니다.

'아들아, 딸아! 보라, 네 어머니다.' 당신은 내게도 이렇게 말씀하십니다. 오, 영원한 유언의 말씀이시여! 오, 예수님, 바로 그 순간부터 당신의 어머니 곁에서 그녀를 잘 섬기는 자만이 당신의 제자, 당신이 사랑하시는 제자로 서게 됩니다. 당신의 죽음으로 베푸시는 모든 자비로운 손길은 모성적인 손길, 순수하고 아름다운 손길입니다. 우리에게 은혜를 베푸셔서, 당신의 어머니를 사랑하고 존경할 수 있게 해주십시오. 불쌍한 나를 바라보시며, 그 어머니에게 말씀해 주십시오. '여자여, 보소서, 당신의 아들입니다. 어머니, 보소서, 당신의 딸입니다.'

순결한 처녀의 심장을 가진 사람만이 이 세상을 대표하여, 어린양의 청혼을 기쁨으로 받아들이고 혼인 잔치에 참여합니다. 당신의 피로 사셔서 깨끗하게 하신 인류, 곧 교회가 신부로 그 자리에 섭니다. 바로 그 심장, 당신 어머니의 심장에 나를 의지할 때, 당신의 죽음은 나를 비껴 지나가지 않을 것입니다. 당신의 영원한 혼인 잔치의 날이 밝아 올 때, 나도 그 자리에 있을 것입니다. 그때 모든 피조물은 영원히 변모되어 영원 속에서 당신과 연합되어 있을 것입니다.

네 번째 말씀

"나의 하나님, 나의 하나님, 어찌하여 나를 버리십니까?"(마 27:46)

이제 당신께 죽음이 다가옵니다. 그 죽음은 육체적 삶의 종말, 구원과 평화가 아닙니다. 그것은 최후, 파괴와 곤경, 상상할 수 없이 깊은 수렁입니다. 죽음이 다가옵니다. 모든 것을 다 비워 내는 죽음, 지독한 무기력, 모든 것이 산산이 무너져 내린 폐허. 그 앞에서는 모든 것이 뒤로 물러나고 모든 것이 도망가 버려서, 남은 것이라고는 오직 황량함뿐입니다. 도저히 말로 표현할 수 없는 죽음의 황량함. 그 밤, 정신과 감각의 밤, 그 공허, 모든 것이 불타 사라진 마음의 공허, 그 순간에도 당신의 영혼은 여전히 기도하고 계셨습니다. 당신의 기도 속에서 고통으로 다 타 버린 마음의 비참한 폐허는 하나님을 향한 유일한 기도였습니다. 아, 고통의 기도, 철저하게 버림받은 기도, 가장 밑바닥의 무기력한 기도, 버림받은 하나님의 기도, 이 모든 것은 기도 이전의 기도입니다. 당신이 그런 곤경 속에서도 기도하셨으니, 인간은 가장 깊은 파멸의 골짜기에서도 당신 아버지께 부르짖을 수 있습니다. 절망의 수렁 속에서도 당신의 버림받음에 감싸이면, 절망 그 자체로 기도입니다. 고통으로 말조차 잃어버린 사람은 자신의 말 없는 외침이 하늘의 거대한 환호성 한가운데서 또렷이 경청되고 있음을 분명히 알게 될 것입니다.

당신이 처한 곤경을 말씀하시기 위해, 처절한 내버려짐 속에서도 기도하시기 위해 당신은 시편 22편을 떠올리셨습니다. "나의 하나님, 나의 하나님, 어찌하여 나를 버리십니까?" 이 외침은 오래전 탄식시의 첫 구절입니다. 구약 시대 경건한 사람이 끔찍한 곤경에 처했을 때, 성령이 그의 심장과 그의 입술에 허락하신 탄식입니다. 당신 이전에도 수없이 많은 이들이 외쳤던 그 기도, (감히 말해 봅니다만) 바로 그 기도밖에는 지독한 고통 속에서 당신이 드릴 수 있는 기도가 없었습니다. 어찌 보면 당신 스스로 준비하고 드리시는 고귀한 예배의 자리, 당신 자신을 영원한 제물로 바치시는 그 자리에서 이미 교회 예배의 일부가 되어 있는 그 언어로 기도하셨고, 그것으로 모든 것을 말씀하셨습니다. 나도 당신의 교회의 언어로 기도할 수 있도록 가르쳐 주소서. 그 언어가 내 마음의 언어가 되기를 원합니다.

다섯 번째 말씀

"내가 목마르다"(요 19:28).

복음서 기자 요한은 당신이 모든 일이 이루어졌음을 아셨고, 그래서 성서의 말씀이 응하게 하려고 하신 말씀이 "내가 목마르다"였다고 전합니다. 당신은 다시 한 번 시편의 말씀을 확인해 주셨습니다. 그 말씀은 이미 오래전 성령이 당신의 고난을 예견하신 것이었습니다. 실제로, 시편 22편은 당신을 염두에 두고 이렇게 노래합니다. "내 힘이 말라 질그릇 조각 같고 내 혀가 입천장에 붙었나이다"(15절). 시편 69편 21절도 이렇게 말합니다. "그들은 내가 목마를 때에 식초를 마시게 하였나이다."

오, 아버지의 종이여, 죽기까지, 십자가에 달려 죽기까지 복종하신 이여, 당신은 자신이 당하시는 모든 일 너머를, 당신이 하시는 모든 일 너머를, 모든 사실 너머 당신이 하셔야 할 일을 바라보고 계십니다. 지금은 죽음의 두려움에 포위된 채 정신이 아득해지고 생각이 흐려지는 순간이건만, 당신은 자신의 삶의 모든 것이 아버지의 생각과 일치하는지, 아버지의 영이 보시는 영원한 형상과 정확히 일치하는지 하나하나 신경 쓰시는 것 같습니다. 온몸의 피는 다 흘리신 듯 쓰라림으로 달아오르는 상처투성이의 벗은 몸, 팔레스타인의 정오, 작렬하는 태양에 고스란히 노출된 몸은 처절한 목마름에 시달리건만, 당신은 거기에 마음을 두지 않으십니다. 오히려 당신은, 죽기까지 아버지의 뜻을 사랑하시는 당신은 도저히 이해할 수 없는 겸손으로 하나하나 확인하십니다. '그 옛날 아버지의 뜻이 계셔서, 예언자의 입으로 나에 대해 말씀하신 것, 바로 이것까지도 이루어졌구나. 진실로 나는 목마르다.' 오, 진정 임금다우신 마음이여, 당신의 육신을 무자비하게 태워 버리는 고통조차도 당신께는 위로부터 내리신 말씀의 완성에 불과합니다.

당신은 그 모든 고난을 혹독하리만큼 엄격히 받아들이셨습니다. 그것은 맹목적인 운명이 아닌 사명, 인간의 사악함이 아닌 아버지의 뜻, 죄인들의 범죄 행위가 아닌 당신의 사랑이 드러내신 구원 행위였습니다. 당신이 침몰하심으로 우리가 건짐을 받았습니다. 당신이 죽으심으로 우리가 살았습니다. 당신이 목마르심으로 우리가 생명의 물을 마시고 소생할 수 있었습니다. 당신이 목마름 속에서 타오르고 계셨기에, 당신의 옆구리가 창에 찔렸을 때 당신의 가슴에서 생명수 샘이 터져 나왔습니다. 그곳으로 어서 오라고 초대하셨습니다. 초막절에 당신이 큰 목소리로 외치지 않으셨습니까? "누구든지 목마르거든 내게로 와서 마시라. 나를 믿는 자는…그 배에서 생수의 강이 흘러나오리라"(요 7:37-38). 성령의 생명수 물줄기가 메시아의 가슴에서 솟아납니다.

당신은 나를 위해 목마름을 겪으셨습니다. 당신은 나의 사랑에 목말라하시고 나의 구원에 목말라하십니다. 사슴이 시냇물에 목말라하듯 내 영혼은 당신께 목말라합니다.

여섯 번째 말씀

"다 이루었다"(요 19:30).

당신이 원래 하신 말씀은 "다 끝났다"입니다. 주님, 그렇습니다. 당신의 끝이 찾아왔습니다. 당신 인생의 끝입니다. 당신의 명예, 당신의 인간적 희망의 끝, 당신의 투쟁과 노동의 끝입니다. 모든 것이 지나가 버렸습니다. 모든 것이 허무하게 끝났습니다. 당신의 생명은 스르르 사라져 버렸습니다. 아무런 소망도 없이, 그저 무기력하게! 그러나 이 마지막이 당신의 완성입니다. 사랑과 신실함으로 끝나는 것이 곧 완성이기에 당신의 패배는 당신의 승리입니다.

오, 주님, 당신 인생의 이 놀라운 진리, 내 인생의 진리이기도 한 이것을 나는 언제쯤 깨닫게 될까요? 죽음이 삶이고 자기를 부인함이 자기를 얻음이라는 진리, 가난이 부요함이고 고통이 은총이라는 진리, 마지막이 참된 완성이라는 진리를 도대체 언제쯤 깨닫게 될까요?

그렇습니다. 당신은 다 이루셨습니다. 아버지께서 당신께 주신 사명을 이루셨습니다. 절대 피해 갈 수 없는 잔을 비우셨습니다. 끔찍한 죽음을 겪어 내셨습니다. 세상의 구원을 이루셨습니다. 죽음을 이기셨습니다. 죄를 정복하셨습니다. 흑암의 세력은 무기력해졌습니다. 생명의 문이 활짝 열렸습니다. 하나님의 자녀들이 자유를 얻었습니다. 이제 은혜의 영이 바람처럼 불어옵니다. 어두웠던 세상은 당신의 사랑으로 이글거리는 화염 속에서 첫새벽의 신선한 빛을 내뿜기 시작합니다. 아주 잠깐만 기다리면 됩니다. 우리가 세계의 역사라고 부르는 그 잠깐이 지나고 나면, 온 세상이 당신의 거룩하신 생명으로 불타오르는 복된 불꽃의 바다에

잠기게 될 것입니다. 모든 것이 다 이루어졌습니다.

당신의 영으로 나를 완성해 주소서. 온 세상을 완성하시는 주님, 아버지의 말씀이신 주님, 그 말씀이 육체 안에서, 그리고 고난 속에서 모든 것을 완성하셨습니다.

내 인생의 일과가 다 끝났을 때, 나도 그렇게 말할 수 있을까요? '다 이루었습니다. 당신이 내게 주신 사명을 완수했습니다.' 죽음의 그림자가 내게 닥쳐올 때, 나도 당신처럼 대제사장의 기도를 드릴 수 있을까요? "아버지, 때가 이르렀습니다. 나는 이 땅에서 당신이 내게 맡기신 일을 이루어 냄으로 아버지를 영화롭게 하였나이다. 아버지, 이제 아버지 곁에서 나를 영화롭게 하소서"(요 17:1). 오, 예수님, 아버지께서 내게 맡기신 사명이 아버지 뜻대로 이루어지기를 원합니다. 크든지 작든지, 달콤하든지 쓰라리든지, 살든지 죽든지…. 모든 것을 이미 이루신 주님, 내 삶도 이미 이루신 주님, 내가 내 삶을 다 이룰 수 있도록 이끌어 주소서.

일곱 번째 말씀

"아버지, 내 영혼을 당신의 손에 맡기나이다"(눅 23:46).

오, 예수님, 철저하게 버림받으신 분, 고통으로 처참하게 찢기신 분, 당신의 마지막이 이르렀습니다. 한 사람이 모든 것을 빼앗기는 마지막 순간, 자유롭게 긍정하거나 부정할 수 있는 영혼까지 빼앗기는, 자기 자신마저도 빼앗기는 순간, 그것이 바로 죽음입니다. 누가 가져갑니까? 아니, 무엇이 가져갑니까? 허무? 눈먼 운명? 무자비한 자연? 아닙니다. 아버지입니다! 지혜이시고 사랑이신 하나님 아버지입니다! 그래서 당신은 자기를 가져다가 자기 자신에게 맡기십니다. 당신은 자기 자신을 저고요한 손, 눈에 보이지 않는 손에 편히 내주십니다. 우리같이 믿음 없는 자들, 자기 자신만 붙잡고 전전긍긍하는 자들은 그 손을 전혀 다르게 느낍니다. 눈먼 운명이, 죽음이 갑작스레 달려들어 무자비하게 멱살을 움켜쥔다고 느낍니다. 그러나 당신은 그것이 아버지의 손길임을 알고 계십니다. 죽음의 순간에 어두워진 눈으로도 당신은 아버지를 보고 계십니다. 당신의 두 눈은 크고 고요한 눈, 아버지의 사랑의 눈을 바라봅니다. 당신의 입에서는 생애 마지막 말씀이 들려옵니다. "아버지, 내 영혼을 당신의 손에 맡기나이다."

당신은 그분께 모든 것을 드립니다. 그분은 당신께 모든 것을 주신 분입니다. 아무런 안전장치 없이, 아무런 조건 없이 모든 것을 아버지의 손에 내려놓으십니다. 아, 너무나 무겁고 쓰라린 삶! 당신은 그 모든 것을 홀로 짊어지셔야 했습니다. 이 세상 인간들, 그들의 비열함, 당신의 사명, 십자가, 완전한 실패, 그리고 죽음까지. 그토록 무겁게 짊어지던 삶도 이제는 지나갔습니다. 당신은 모든 것을, 자기 자신까지도 아버지의 손에 내려놓으실 수 있게 되었습니다. 그야말로 모든 것을! 그분의 손이 가장 안전하게, 가장 섬세하게 받아 주십니다. 어머니의 손처럼 그렇게 받아 주십니다. 작은 새 한 마리를 조심스레 쓰다듬으며 감싸 안듯, 당신의 영혼을 품어 주십니다. 이제는 아무것도 무겁지 않습니다. 모든 것이 가볍습니다. 모든 것이 빛이고 은혜입니다. 모든 것이 하나님 품에서 느끼는 아늑함입니다. 모든 무거운 짐을 내려놓고 맘껏 울 때에, 아버지는 눈물 흘리는 아이의 뺨에 입 맞춰 주십니다.

오, 예수님, 때가 되면 나의 비천한 영혼과 인생도 아버지의 손에 맡겨 주시겠습니까? 내 삶의 짐, 죄의 짐, 그 모든 것을 심판의 저울이 아니라 아버지의 손에 가져다주시겠습니까? 내 모든 괴로움을 아시는 나의 형제, 내 모든 죄를 다 견뎌 내신 나의 주님, 당신이 계신 곳 말고 내가 어디로 피할 수 있겠습니까? 어디에 숨을 수 있겠습니까? 보소서, 지금 내가 당신께 나아갑니다. 당신의 십자가 아래 무릎 꿇습니다. 여태껏 내가 걸어온 엉망진창 인생길을 소리 없이, 흔들림 없이 피투성이가 되도록 농행하신 두 발에 입을 맞춥니다. 영원한 사랑의 주님, 마음 깊은 곳의 마음, 창에 찔리신 마음, 말할 수 없이 선하시며 오래 참으시는 마음, 당신의 십자가를 붙잡습니다. 나를 불쌍히 여기소서. 나를 당신의 사랑 안으로 맞아 주소서. 언젠가 내 인생 순례길의 마지막이 가까워질 때, 날이 저물고 죽음의 그림자가 드리울 때, 나의 마지막을 위해 당신의 마지막 말씀을 들려주소서. '아버지, 저 사람의 영혼을 아버지의 손에 맡기나이다.' 오, 선하신 예수님, 아멘.

예수, 그리고 그분의 삶

지금 여기 계심

주 예수 그리스도, 살아 계신 하나님의 아들, 참 하나님, 참 사람, 온전히 한 분이시되 나뉘지도 뒤섞이지도 않는 두 본성을 가지신 주님, 그 주님이 지금 여기, 우리 가운데 계시니, 우리는 당신을 경배합니다.

당신은 영원한 하나님의 모습, 그러나 그 모습으로만 계시지는 않습니다. 당신은 영원하신 아버지와 동일하신 분, 동일한 능력과 동일한 영광으로, 측량할 수 없는 지혜로 모든 곳, 모든 것 채우시니, 그 영원하신 신성 안에서 모든 생명이 살고 움직이고 존재합니다. 그러나 오직 그 모

칼 라너의 기도

습으로만 계시지는 않습니다.

당신은 인간적 본성으로도 지금 여기 계십니다. 거룩한 성만찬을 통해 당신의 몸과 영과 인간의 심장으로 우리 곁에 계십니다. 당신이 여기 계십니다. 동정녀 마리아에게서 나시고, 중요한 시간과 소소한 시간, 기쁨과 눈물, 길고 단조로운 일상과 높이 솟구치는 순간이 두루 갈마드는 삶을 고스란히 겪으시고 끝까지 버텨 내셨습니다. 당신이 여기 계십니다. 본디오 빌라도에게 고난을 받으시고 십자가에 못 박히셨습니다. 당신이 여기 계십니다. 십자가에서 고난의 잔을 마지막 한 방울까지 마시셨습니다. 그리고 되살아나신 몸으로 다가와 계십니다. 하나님의 영광으로 변화되신 몸으로 여기 계십니다.

인간의 심장으로 우리 곁에 계시는 주님, 영원에서 영원까지 기쁨의 탄성이 그 심장에서 뿜어 나옵니다. 인간의 영혼으로 우리 곁에 계시는 주님, 도저히 다가갈 수 없을 것 같았던 성부와 성자와 성령의 빛을 그 영혼이 바라봅니다. 영원한 신비이신 삼위일체 하나님을 얼굴과 얼굴을 맞대고 봅니다. 진실로 당신은 인간으로 여기 계십니다. 우리는 아무것도 볼 수 없지만, 믿음의 눈은 당신을 봅니다. 우리의 형제, 우리와 동일한 본성을 가지시고 우리의 삶 한복판에 계시는 당신입니다. 우리의 귀는 아무것도 듣지 못하지만, 믿음의 귀에 들려오는 노래가 있습니다. 그것은 친히 대제사장이 되신 당신이 온 인류를 대표하여 영원하신 아버지께 끊임없이 부르시는 기쁨의 노래, 신성으로 가득 채운 심장, 변화된 심장으로 부르시는 노래입니다.

당신은 우리의 하나님, 우리의 시작이며 결말, 우리의 목표이며 마지막, 당신이 우리와 더불어 살기 원하시니, 우리는 당신을 경배합니다. 당신을 찬양합니다. 당신께 감사드립니다. 당신의 영광을 높여 기립니다. 당신은 우리와 동일한 인간이십니다. 우리와 동일한 출발점에서 시작하여 모든 피조물이 지나는 좁다란 길을 걸으시고, 눈물의 골짜기를 순례하시며, 친히 목표이자 마지막인 곳에 이르기를 원하셨습니다. 당신은 모든 것의 목표이자 마지막이십니다.

당신은 우리 가운데 계십니다. 당신이 인간으로 살아 내셨던 인생은 우리에게 도무지 이해되지 않는 친밀한 현재입니다. 이천 년 전 당신의 삶은 겉보기에는 까마득한 과거이지만, 가장 깊은 곳의 시선으로 보면 그렇지 않습니다. 물론, 겉으로 보이는 인생은 오래된 과거입니다. 당신이 또다시 가난한 아이로 태어나신 것도 아니고, 지금도 굶주림과 목마름을 겪고 계신 것은 아니며, 어디선가 울고 계신 것도 아닙니다. 우리가 인생이라고 부르는 것의 무상함, 끊임없이 변화하고 끊임없이 뒤섞이는 그 무상함이 그 옛날처럼 당신을 스치는 일도 없습니다. 그 무상함이 당신과 당신의 영혼을 꿰뚫고 지나가, 당신께 깊은 흔적을 남기고 당신을 변화시키는 일도 이제는 없습니다. 다시 죽으실 일도 없습니다. 모든 것이 지나가고, 지나갔습니다. 단 한 번 있다가 없어진 것이기에 소중

했습니다. 그 모든 것이 지나갔습니다. 그것은 당신의 인간적 모습, 창조된 모습, 유한한 모습, 변화하는 모습이 아버지의 영원하심 속으로 들어갔기 때문입니다. 최종적 목표, 완성에 이르렀기 때문입니다. 그 완성으로 모든 변화는 최후의 단계에 다다르지만, 그 마지막은 동시에 가장 자유로운 생명력이며, 모든 흐르는 시간은 그 안에서 영원한 지금으로 흘러들어 갑니다. 한번에 모든 것을 부둥켜안는 지금입니다. 당신의 시간적인 삶, 인간적인 삶은 다 지나갔습니다. 하지만 동시에 하나님 안으로 들어갔습니다.

그래서 그 삶은 가장 깊은 곳의 시선으로 볼 때 여전히 현재입니다. 당신의 인생은 이제 영원하신 하나님, 모든 것의 근원과 완벽하게 하나입니다. 그분의 지혜와 사랑 안에서는 지나간 모든 것이 영원한 현재, 불변하는 현재입니다. 당신의 인간적 영혼이 그분을 바라보고, 당신의 인간적 가슴이 그분을 얼싸안습니다. 그분 안에서는 모든 시간이 영원이 되고, 생겨난 모든 것이 영속성을 가집니다. 모든 변화가 불변의 고요함을 머금고, 모든 과거가 영속성을 가집니다. 하나님의 영원하신 지혜와 사랑 속에서 당신의 과거도 거룩한 현재가 됩니다. 당신의 심장은 그 현재를 바라보고, 사랑하고, 긍정하고, 품어 안으십니다. 그 지혜와 사랑 안에서 당신의 인생도 순전한 현재가 되기 때문입니다.

오, 예수님, 그 옛날 당신의 삶은 당신의 가슴속에서도 언제나 현재입니다. 한 인간의 삶에서 흘러가 버리는 것은 그저 표면적인 과정입니다. 그 인생이 허무한 과거의 어둠 속으로 가라앉을 때, 어떤 영원한 것이 탄생합니다. 표면에 불과해 보이던 것도 우리 안에 영적인 인간, 영원한 인간이 빚어지는 데 나름의 몫을 합니다. 흘러가는 시간 속에 흘러가 버리지 않는 무언가가 들어옵니다. 그러므로 우리는 순간과 순간이 꼬리를 물고 들어왔다가, 그 순간들이 지나면 이전처럼 텅 빈 채로 덩그러니 남겨진 길거리가 아닙니다. 우리는 각각의 순간이 떠나갈 때마다 무언가 영원한 것을 남기는 보물 창고입니다. 한 사람이 오직 그 순간에만 할 수 있는 자유로운 사랑의 일회성, 한 사람이 오직 그 순간에만 내릴 수 있는 결단, 곧 하나님을 바라보느냐 돌아서느냐 하는 결단의 일회성이 거기 있습니다. 그 일회성은 매 순간 영원합니다. 마치 시간의 파도가 영원히 일렁이면서 언제나 영원의 해안에 살며시 가닿는 것처럼, 한 번, 한 번 파도가 그러듯, 한순간, 한순간, 하나의 행동, 또 하나의 행동이 그 안에 담긴 영원한 무언가를 남깁니다. 선과 악을 남깁니다. 그것이 시간의 사물들 속에서는 영원이기 때문입니다.

우리의 일시적인 업적이 담고 있는 이 영원한 선 또는 악은, 우리 영혼의 영원한 기초가 있는 곳으로 가라앉고 그 안으로 스며들어, 이 감추어진 (우리에게는 감추어져 있지만 하나님께는 그렇지 않은) 기초를 이룹니다.

이렇게 일시적인 것 안에도 서서히 무언가 영원한 것이 만들어집니다. 우리 영혼의 영원한 얼굴 같은 것입니다. 그리고 그 안에서 우리의 영원한 운명이 드러납니다. 비록 시간은 흘러가지만, 모든 것이 지나가 버리는 것은 아닙니다. 일시성의 물은 빠져나가지만, 지금까지 인간에게 감추어져 있던 것을 드러나게 해줍니다. 그것은 그의 생명이 모든 구속에서 풀려나, 자유롭고 새로워진 모습으로 영원이 되는 것입니다.

오, 예수님, 이것은 당신께도 마찬가지입니다. 당신은 참으로 인간이시며, 한 사람의 생명을 온전히 살아 내셨습니다. 그러므로 그 생명은 하나님만이 아니라 당신 안에도 현재로 남아 있습니다. 당신이 친히 삶으로 되어 주신 **그분**, 당신은 이제와 영원히 **그분**입니다. 당신의 어린 시절은 지나갔습니다. 그러나 당신은 어린 시절을 직접 겪으신 분, 정말로 아이였던 사람만이 될 수 있는 그분입니다. 이제 당신의 눈에는 눈물이 흐르지 않습니다. 그러나 당신은 정말로 울어 보신 적이 있는 분, 그 눈물의 이유를 잊지 않는 심장을 가지신 분입니다. 당신의 수고는 지나갔습니다. 그러나 그 수고를 겪은 사람의 성숙은 당신 안에서 영원이 됩니다. 이 땅에서 당신이 겪으신 삶과 죽음은 지나갔습니다. 그러나 그 삶과 죽음 안에 있는 것은 당신 안에서 영원이 되어, 우리에게는 언제나 현재입니다. 모든 것을 이겨 내신 삶의 용기가 영원한 현재입니다. 삶을 새롭게 빚어내어 아름답게 변화시키는 사랑이 영원한 현재입니다. 도무지 이해할 수 없는 아버지의 뜻을 순수한 마음으로 긍정하는 당신의 심장이 영원한 현재입니다. 당신의 순종, 신실, 온유, 죄인을 향한 사랑이 영원한 현재입니다. 이 모든 것은 당신이 살아 내신 인생의 모든 순간을 통해 조금씩 자라나고 강해졌으며, 매 순간 자유로운 실천을 통해 당신의 인간적 본성이 되었습니다. 바로 그 모습으로 당신이 지금도 우리 가운데 계십니다. 그 옛날 당신의 존재, 당신의 삶과 고난은 우리에게 언제나 현재입니다.

과거 당신의 삶이 오늘 우리에게 진정한 의미에서 현재가 되는 마지막, 세 번째 이유가 있습니다. 당신이 이 세상에서 살아가실 때에 당신의 지식, 당신의 사랑 안에는 당신이 발 딛고 서 계신 곳, 당신의 인생이 속한 나라와 민족만 있었던 것이 아닙니다. 당신의 신성, 당신의 인성의 생각과 사랑 앞에는 우리도 서 있었습니다. 나 자신, 나의 인생, 나의 시간, 나의 공간, 나의 운명, 나의 모든 시간, 내가 벗어나고 싶은 모든 것이 이미 당신 앞에 있었습니다. 당신의 존재 깊은 곳 신비로운 진실 안에서 당신은 이미 모든 것을 알고 계셨습니다. 당신은 이미 이 모든 것을 당신 가슴에 받아안고 가셨습니다. 그래서 당신의 인간적 삶은 이미 나의 삶과 더불어 자라나고 있었습니다. 나의 삶은 당신의 운명에 속해 있습니다. 당신은 이미 나의 삶을 향해서 '그렇지!' 하고 말씀해 주셨습니다. 이미 그때 나를 위해 기도하셨고, 나를 위해 우셨고, 내가 받을 은혜로 인해 감사하셨습니다. 당신의 삶은 내 삶의 여러 문제들로 분주하셨고, 나와 나의 삶을 돌아보시느라 이전과는 다른 모습이 되셨습니다. 그런 당신의 삶이 영원이 되고, 성례전을 통해 우리 가운데 현재가 될 때, 당신은 이전부터 나를 아시고 나를 사랑하시는 분으로 우리와 함께 계시는 것입니다.

우리는 당신을 찬양합니다. 오, 예수님, 우리는 당신을 찬양합니다. 오, 영원하신 하나님, 우리는 당신을 찬양합니다. 성례전에 임재하시는 영원하신 구원자, 우리는 당신을 찬양합니다.

참 인간으로 계시는 예수님, 우리는 당신을 찬양합니다. 예수의 삶과 죽음이여, 언제나 동일하신 아버지의 변함없는 지혜와 사랑으로 영원히 현재이신 분, 우리는 당신을 찬양합니다. 예수의 삶과 죽음이여, 그 삶과 죽음으로 이루어진 당신 마음의 우주적 궁극성 속에서 끝끝내 현재이신 분, 우리는 당신을 찬양합니다.

우리의 삶을 이미 받아안으신 예수님, 지금 여기 예수의 삶과 고난이여, 우리는 당신을 찬양합니다. 예수님, 당신은 참으로 우리와 함께 계십니다. 우리는 당신을 찬양합니다.

올리브 산의 고난 앞에서

예수님, 당신은 진실로 여기 우리와 함께 계십니다. 당신의 인간적 모습, 살과 피, 마음과 영혼으로 함께 계십니다. 당신이 인간으로 살아 내신 삶은 그저 지나가 버린 것이 아니라, 당신 심장의 영원한 현실 속으로 들어갔습니다. 그렇게 당신의 인생도 고스란히 우리와 함께 계십니다.

당신이 올리브 산에서 겪으신 고난과 싸움의 시간도 우리와 함께 있습니다. 이제 우리는 믿음과 사랑으로, 엄숙하면서도 감사한 마음으로, 함께 아파하며 속죄하는 마음으로 당신의 그 고난과 싸움을 경배하기 원합니다.

　　　　　칼 라너의 기도

인간이 되셨던 당신의 영혼은 지금도 하늘 영광 가운데 아버지의 영원하신 뜻을 바라보고 있습니다. 당신이 올리브 산에서 보내신 그 시간은 그분의 뜻으로 당신의 삶 가운데 예비된 것이었습니다. 당신의 심장은 지금도 아버지의 그 뜻을 경배하고 있습니다. 그리고 당신의 영혼과 심장은 여기 우리와 함께 있습니다.

올리브 산에서 그 시간을 보내신 분, 당신은 여기 우리와 함께 계십니다. 그때 당신이 온몸으로 겪어 내신 고통은 이제 지나갔습니다. 찬란한 기쁨으로 빛나는 아버지 품에 안기셨기에, 더 이상 슬픔과 고통이, 아픔과 두려움이 당신의 마음을 찌르지 않습니다. 그러나 당신이 그때 온몸으로 겪어 내신 모든 것이 당신의 마음에 각인되어, 그 모든 것이 그 안에 남아 있는 채로 그렇게 당신은 우리와 함께 계십니다. 어느 사도는, 당신이 "육체에 계실 때에 자기를 죽음에서 능히 구원하실 이에게 심한 통곡과 눈물과 간구와 소원"을 올리셨으며, 이로써 몸으로 순종을 배우셨다고 말했습니다(히 5:7-8). 그러므로 우리는 당신을 찬양합니다. 올리브 산에서 바로 그 모습을 보여주신 당신께 기도합니다. 우리를 불쌍히 여겨 주소서.

오, 예수님, 올리브 산에서 배우신 그 순종을 마주합니다. 우리를 불쌍히 여겨 주소서.

예수님, 올리브 산에서 모진 싸움을 이겨 내신 그 헌신을 마주합니다. 우리를 불쌍히 여겨 주소서.

예수님, 올리브 산에서 끝까지 지켜 내신 마음, 고난을 기꺼이 받아들이신 그 마음을 마주합니다. 우리를 불쌍히 여겨 주소서.

예수님, 올리브 산에서도 끝까지 마르지 않은 사랑, 우리를 향한 그 사랑을 마주합니다. 우리를 불쌍히 여겨 주소서.

예수님, 올리브 산에서도 끝까지 시들지 않은 그 선하심을 마주합니다. 우리를 불쌍히 여겨 주소서.

예수님, 올리브 산에서도 끝끝내 무너지지 않은 그 강인하심을 마주합니다. 우리를 불쌍히 여겨 주소서.

예수님, 올리브 산에서도 끝끝내 흔들리지 않은 그 온유하심을 마주합니다. 우리를 불쌍히 여겨 주소서.

예수님, 그 시간의 두려움과 슬픔을 마주합니다. 우리를 불쌍히 여겨 주소서.

칼 라너의 기도

예수님, 떨고 계시는 당신의 모습을 마주합니다. 우리를 불쌍히 여겨 주소서.

예수님, 올리브 산에서 드리신 그 기도를 마주합니다. 우리를 불쌍히 여겨 주소서.

예수님, 얼굴을 바닥에 대신 당신의 모습을 마주합니다. 우리를 불쌍히 여겨 주소서.

예수님, 그 와중에도 더욱 간절히 기도하신 그 기도를 마주합니다. 우리를 불쌍히 여겨 주소서.

예수님, 당신의 영혼을 죽을 지경까지 몰고 간 그 근심을 마주합니다. 우리를 불쌍히 여겨 주소서.

예수님, 고난의 잔이 지나가게 해달라는 그 부르짖음을 마주합니다. 우리를 불쌍히 여겨 주소서.

예수님, "그러나 나의 뜻대로 마옵시고 아버지의 뜻대로 하옵소서"라고 하신 그 말씀을 마주합니다. 우리를 불쌍히 여겨 주소서.

예수님, "아바 아버지"라고 하신 그 말씀을 마주합니다. 우리를 불쌍히 여겨 주소서.

예수님, 아버지의 뜻을 세 번 거듭 받아들이신 그 긍정을 마주합니다. 우리를 불쌍히 여겨 주소서.

예수님, 제자들이 잠든 사이 철저히 홀로 남겨지신 당신의 모습을 마주합니다. 우리를 불쌍히 여겨 주소서.

예수님, 한 천사가 당신께 나타나 힘을 더해 주는 장면을 마주합니다. 우리를 불쌍히 여겨 주소서.

예수님, 올리브 산의 두려움 속에서 땀방울이 핏방울이 된 당신의 모습을 마주합니다. 우리를 불쌍히 여겨 주소서.

예수님, 앞으로 이어질 일을 내다보시고 이미 고난을 겪고 계신 당신을 마주합니다. 우리를 불쌍히 여겨 주소서.

예수님, 모든 시대의 모든 죄 앞에서 구토하시는 당신을 마주합니다. 우리를 불쌍히 여겨 주소서.

예수님, 올리브 산에서 이미 나의 죄를 알고 계시는 당신을 마주합니다. 우리를 불쌍히 여겨 주소서.

예수님, 나의 죄 때문에 가슴 깊이 슬퍼하시는 당신을 마주합니다. 우리를 불쌍히 여겨 주소서.

예수님, 올리브 산에서 그 모든 죄를 친히 짊어지기로 다짐하시는 당신을 마주합니다. 우리를 불쌍히 여겨 주소서.

예수님, 당신의 고난이 헛되이 끝나지 않을까 고뇌하시는 당신을 마주합니다. 우리를 불쌍히 여겨 주소서.

예수님, 처절한 고통 속에서 하나님께 버림받은 당신을 마주합니다. 우리를 불쌍히 여겨 주소서.

예수님, 도무지 헤아릴 수 없지만 아버지의 뜻에 복종하시는 당신을 마주합니다. 우리를 불쌍히 여겨 주소서.

예수님, 언뜻 보기에 노여워만 하시는 하나님을 끝끝내 사랑하시는 당신을 마주합니다. 우리를 불쌍히 여겨 주소서.

올리브 산의 예수님, 당신은 고난당하는 모든 이들을 대표하여 맨 앞에서 기도하십니다. 우리를 불쌍히 여겨 주소서.

올리브 산의 예수님, 당신은 버림받은 이들 중에서도 가장 버림받은 분이십니다. 우리를 불쌍히 여겨 주소서.

올리브 산의 예수님, 당신은 두려움 속에서 하나님께 부르짖는 모든 이들의 대변자이십니다. 우리를 불쌍히 여겨 주소서.

올리브 산의 예수님, 당신은 시험을 당해 고통스러워하는 이들의 전형이십니다. 우리를 불쌍히 여겨 주소서.

올리브 산의 예수님, 당신은 죽음의 고통 속에서 처절하게 몸부림치는 이들에게 위로가 되십니다. 우리를 불쌍히 여겨 주소서.

올리브 산의 예수님, 당신은 이 세상 죄로 인해 아파하는 모든 이들의 머리가 되십니다. 우리를 불쌍히 여겨 주소서.

올리브 산의 예수님, 당신은 온 세상의 절망과 고통을 자기 일처럼 여기시고 다가와 주십니다. 우리를 불쌍히 여겨 주소서.

올리브 산의 예수님, 모든 버림받은 이들이 당신에게서 고향을 찾습니다. 우리를 불쌍히 여겨 주소서.

올리브 산의 예수님, 모든 죄인을 사랑하시는 분이여, 우리를 불쌍히 여겨 주소서.

올리브 산의 예수님, 흉악한 강도까지 가슴으로 껴안으시는 분이여, 우리를 불쌍히 여겨 주소서.

올리브 산의 예수님, 당신이 친히 겪어 내신 죽음의 고통으로 인해 우리도 죽음의 두려움에서 벗어나 하늘 가는 귀향의 여정에 오릅니다. 우리를 불쌍히 여겨 주소서.

올리브 산의 예수님, 자비를 베푸소서. 우리를 지켜 주소서. 오, 예수님.

올리브 산의 예수님, 자비를 베푸소서. 우리를 구원하소서. 오, 예수님.

올리브 산에서 당신이 눈물 흘리시며 안타까워하신 그 죄에서 우리를 구원하소서. 오, 예수님.

당신의 사랑에 감사할 줄 모르는 냉담함에서 우리를 구원하소서. 오, 예수님.

당신의 고난을 모르는 척하는 무관심에서 우리를 구원하소서. 오, 예수님.

더할 수 없는 두려움 속에서 죽음을 맞으신 당신을 보며 아무것도 느끼지 못하는 냉정함에서 우리를 구원하소서. 오, 예수님.

올리브 산에서 당신이 온 힘을 다해 얻어 내신 은혜를 고집스럽게 외면하는 우리를 구원하소서. 오, 예수님.

고난과 희생을 기꺼이 받아들이신 당신의 모습을 거부하는 마음에서 우리를 구원하소서. 오, 예수님.

우리가 올리브 산의 어둔 밤을 지낼 때마다 하나님의 사랑을 의심하는 나약함에서 우리를 구원하소서. 오, 예수님.

우리가 올리브 산의 쓰라린 고통을 겪을 때마다 느끼는 분노에서 우리를 구원하소서. 오, 예수님.

우리가 버림받고 홀로 남겨질 때마다 느끼는 절망에서 우리를 구원하소서. 오, 예수님.

우리는 가련한 죄인입니다. 예수님, 우리의 간구를 들어주소서.

우리의 허다한 죄를 용서하소서. 예수님, 우리의 간구를 들어주소서.

당신이 당하신 고난의 의미를 알게 하소서. 예수님, 우리의 간구를 들어주소서.

올리브 산에서 아버지의 뜻을 받아들이신 그 헌신을 우리에게 가르쳐 주소서. 예수님, 우리의 간구를 들어주소서.

올리브 산에서 밤을 지새우며 기도하실 때 보여주신 그 간절함을 우리도 갖게 하소서. 예수님, 우리의 간구를 들어주소서.

우리가 올리브 산의 시간을 보내야 할 때, 당신이 품으신 그 마음을 갖게 하소서. 예수님, 우리의 간구를 들어주소서.

진정한 참회와 속죄가 무엇인지 알게 하소서. 예수님, 우리의 간구를 들어주소서.

우리가 겪는 고난이 당신의 거룩하신 고난에 동참하는 것임을 깨닫게 하소서. 예수님, 우리의 간구를 들어주소서.

당신이 죄를 미워하시듯 우리도 우리의 죄를 철저히 미워하게 하소서. 예수님, 우리의 간구를 들어주소서.

고통과 고립 속에서도 끝끝내 버텨 낼 수 있는 힘과 인내를 허락하소서. 예수님, 우리의 간구를 들어주소서.

죽음의 두려움이 찾아올 때, 우리 곁에 계셔서 가장 의연한 자세를 가르쳐 주소서. 예수님, 우리의 간구를 들어주소서.

죽음의 시간에 천사를 보내 주시되, 올리브 산에서 당신께 나타난 천사를 보내 주소서. 예수님, 우리의 간구를 들어주소서.

올리브 산에서 당신과 함께 늘 깨어 기도하는 법을 가르쳐 주소서. 예수님, 우리의 간구를 들어주소서.

칼 라너의 기도

우리가 너무나 연약하고 겁이 많다고 느껴질 때, 우리에게 기도를 가르쳐 주소서. 예수님, 우리의 간구를 들어주소서.

'아-버-지'라는 이름을 우리의 마음에 새기시고, 우리의 입술에 붙여 주소서. 주 하나님이 우리에게 아주 엄한 재판관처럼, 도저히 파악할 수 없고 다가설 수도 없는 분처럼 보일 때에 더욱 그리해 주소서. 예수님, 우리의 간구를 들어주소서.

하나님의 어린양, 당신은 이 세상 모든 죄를 지고 가십니다. 우리를 지켜 주소서.

하나님의 어린양, 당신은 이 세상 모든 죄를 지고 가십니다. 우리의 간구를 들어주소서.

하나님의 어린양, 당신은 이 세상 모든 죄를 지고 가십니다. 우리를 불쌍히 여겨 주소서.

함께 기도합니다. 예수님, 당신은 지금 여기 우리와 함께 계십니다. 하나님이면서 사람, 사람이면서 하나님이신 분의 거룩한 마음으로 함께 계십니다. 당신은 그 마음으로 올리브 산에서 죽음을 정복하셨습니다.

하나님의 뜻에 순종하여 사랑으로 속죄의 사역을 감당하셨습니다. 당신은 지금도 그 마음으로 우리와 함께 계십니다. 우리가 당신께 간구합니다. 우리의 모든 죄를 진심으로 참회하게 하소서. 당신이 보여주신 본을 따라 참회와 속죄의 마음으로 우리의 십자가를 지게 하소서. 당신이 올리브 산에서 우리 같은 죄인을 위해 가장 거룩한 고난을 시작하신 것은 오직 사랑 때문이었습니다. 우리도 감사함으로 그 사랑에 응답하는 사랑을 하게 하소서. 아멘.

칼 라너의 기도

올리브 산의 고난이 지금 우리 안에
나타나는 것에 대하여

주 예수 그리스도, 당신은 거룩한 성례전을 통해 지금 여기 계십니다. 그러나 그때에만 우리 곁에 머무시는 것은 아닙니다. 당신은 우리 안에도 살아 계십니다. 우리가 세례를 통해 당신의 신비로운 몸인 교회의 지체가 되었을 때, 성령의 기름 부으심과 인(印) 치심을 통해 당신은 우리 안에도 살아 계십니다. 우리 안에서 당신은 우리의 삶과 영혼과 마음의 생명이 되십니다. 아버지로부터 나와서 당신을 거쳐 우리에게 오시는 성령의 능력과 생명을 통해 당신은 우리의 존재 가장 깊은 곳을 차지하시고, 우리의 영혼 가장 깊은 곳을 장악하셔서, 그곳을 변화시키고 정화시키고 거룩하게 하십니다. 이제 우리가 사는 것이 아니라, 우리 안에 당신이 사시는 것입니다. 이제 우리는 우리 것이 아니라 당신 것입니다. 당신은 생명의 법칙, 우리의 존재와 움직임 속에 깃든 활력, 영혼 속에 감춰진 빛, 마음속 깊은 불꽃, 우리 온 존재의 거룩한 광채, 하나님의 영원하신 빛! 당신이 우리 안에 머무시며 우리 안에 살고 계시기에―창조되지 않은 은혜이신 당신을 통해, 당신의 존재와 생명을 우리에게 전해 주시기에―창조된 은혜 안에서 우리가 삼위일체 하나님을 우리 안에 받아들이고 온전히 소유하여, 당신의 생명, 곧 하나님의 생명을 함께 살아낼 수 있게 해주시기에, 바로 그렇기에 우리는 당신의 측량할 수 없는 사랑의 은혜로 영원하신 아버지의 아들과 딸이 됩니다. 진실로, 그리고 실제로! 당신의 형제와 자매가 됩니다. 또한 당신과 함께 아버지의 영광을 상속받습니다. 그 영광은 아버지께서 영원한 창조 가운데 당신께 전해 주신 것이며, 은혜 가운데 당신의 인간적 영혼에 베풀어 주신 것, 그래서 우리의 영혼에 베풀어 주신 것이기도 합니다. 바로 그렇기 때문에 우리는 아버지와 당신에게서 성령의 모습으로 흘러나오는 영원한 사랑으로 채워집니다. 진실로!

　오, 예수님, 당신은 그렇게까지 우리 안에 계십니다. 그러므로 성만찬마저도 이미 우리 안에 있는 당신의 은혜를 꼭 붙들고, 함께 나누고, 더 자라게 하고, 더 견고히 하기 위한 수단에 불과하다고 고백하는 것입니다. 당신이 성만찬 자리에 찾아오시는 일은 모든 시간의 마지막에 다다르면 결국 끝나게 될 것입니다. 그러나 당신이 우리 안에 계심은 영원히 사라지지 않을 것입니다. 그것은 당신의 현존을 덮고 있는 믿음의 베일이 벗겨지면, 우리의 마음속, 우리조차도 알지 못하는 깊은 곳에서 솟아오를 것입니다. 그리고 거룩하고 복된 생명이라고 불릴 것입니다.

당신이 우리 안에 살아 계시기에 우리의 삶은 가장 세속적으로 보이는 일상까지도 당신 생명의 법칙에 굴복하게 됩니다. 우리의 생명은 당신 생명의 연장입니다. 우리가 세례를 받을 때, 그 생명의 새로운 장(章)이 시작됩니다. 우리의 세례 증서는 당신의 생명이 써 내려가는 이야기의 한 페이지입니다. 당신은 수많은 형제들 가운데 가장 먼저 나신 분이며, 우리는 당신의 형상과 동일한 형상이 되어야 마땅합니다. 우리는 당신을 옷 입듯 입어야 합니다. 당신이 우리 안에 살아 계시기에 우리 안의 당신은 늘 새로운 모습이 되십니다. 당신의 인간적 영혼 속에 숨겨진 하나님의 은혜가 이 세상 현상들 속에서 순수하게 표현되고 계시된 것처럼, 동일한 은혜, 곧 당신의 은혜는 우리의 삶, 우리가 여기서 겪는 모든 것을 그 은혜의 계시로 만드십니다. 끝끝내 이 세상에서 우리가 살아가는 삶도 당신이 땅 위에서 살아가신 삶, 결국 하늘의 삶인 그것과 똑같은 모습이 될 것입니다. 당신은 모든 시대, 모든 상황, 모든 민족, 모든 나라 안에서 하나의 삶을 인도하려 하셨습니다. 당신이 인간의 삶을 사시는 동안은 피조물의 제약으로 그 일을 하실 수 없었기에, 당신의 은혜 가운데 창에 찔려 뚫린 당신의 심장에서 흘러나오는 거룩하신 성령을 통해 우리의 삶을 붙잡으시고, 모든 시대, 모든 땅에서 세상 끝나는 날까지 늘 새로운 모습으로 당신의 삶이 계속되는 것입니다.

그런데 당신의 삶이 당신의 은혜를 통해, 성령을 통해 우리의 삶 속에서 새로운 모습이 된다는 사실은, 당신의 고난, 당신의 수난에도 고스란히 적용되는 진리입니다. 그것이야말로 당신의 삶에서 가장 결정적인 사건이기 때문입니다. 당신의 사도가 말한 것처럼, 우리의 세례는 당신의 죽으심과 연합하는 세례입니다. 성령으로 충만한 하나님의 자녀, 당신과 동일하게 하나님의 영광의 상속자입니다. 그렇기에 우리는 당신과 함께 고난을 당함으로 당신과 함께 당신의 영광을 나누어 소유하게 됩니다. 당신의 사도가 고백한 것처럼, 우리는 언제나 우리 몸에 당신의 고통과 죽음을 짊어지고 살아감으로 우리의 죽을 육체에 당신의 생명이 드러나도록 합니다. 당신은 우리 안에서 십자가에 달리신 분의 모습으로 나타나십니다. 이것은 결코 피할 수 없는 일입니다. 당신은 거룩하고 신비로우신 당신의 몸 안에서, 그 몸의 지체들 속에서 세상 끝나는 날까지 고난당하십니다. 이 세상에서 마지막 눈물이 그칠 때까지, 마지막 아픔이 가실 때까지, 마지막 죽음과 그 고통이 모두 끝날 때까지, 오, 예수님, 당신의 고난은 끝나지 않습니다. 당신의 십자가가 나를 내리누르지 않는다면, 나는 당신의 제자일 수 없습니다. 당신의 고난이 내 몫의 고난

칼 라너의 기도

이 되지 않는다면, 당신이 이 땅 위에서 살아 내신 생명의 진리와 당신의 영이 내 안에도 거하시고 역사하신다고 말할 수 없습니다. 그런 나는 당신 것이 아니며, 당신과 당신의 참되고 영원한 생명으로부터 멀리 떨어진 존재일 뿐입니다.

그러나 당신이 나의 구원을 위해, 이 세상의 구원을 위해, 그리고 아버지의 영광을 위해 내 안에서 계속 고난당하려 하신다면─당신이 나의 아픔과 고통까지 모두 사용하셔서, 당신의 몸된 교회를 위해 당신의 남은 고난을 채우려 하신다면─나는 당신이 올리브 산에서 겪어 내신 고난을 내 삶을 통해 거듭거듭 내 몫으로 받아들입니다. 작고 초라한, 그러나 진실한 내 몫의 고난으로 받아들입니다. 그렇다면 내가 당신의 올리브 산의 고난을 묵상하고 찬미하는 '거룩한 시간'은 교회에서 경건하고 평화롭게 드리는 기도 시간 정도로는 온전히 경험될 수 없는 시간일 것입니다. 진정으로 '거룩한 시간'이라면, 육체의 고통과 영혼의 고통으로 질식할 것 같은 시간, 하나님께서 내게도 고난의 잔을 건네주시는 시간, 나의 허다한 죄로 인해 눈물 흘릴 수밖에 없는 시간입니다. 아버지께 부르짖지만 아무런 대답도 없는 시간, 오, 예수님, 바로 그런 시간입니다. 믿음이라는 것이 고통과 곤경이 되는 시간, 희망이 절망이 되는 시간, 마음속 사랑이 죽어 버린 듯한 시간입니다. 이것이야말로 진정 내 삶의 '거룩한 시간'입니다. 바로 그때 내 마음속 당신의 은혜가 신비로운 방식으로 나를 이끌어, 당신의 고난, 올리브 산의 고난으로 안내해 주십니다. 오, 주님, 그 시간이 내게 찾아올 때, 나를 불쌍히 여겨 주소서.

당신이 겪으신 올리브 산의 고난이 내게 닥쳐올 때, 주님, 내 곁에 계시옵소서. 바로 이 시간이 당신의 거룩한 시간이라는 것, 바로 이 시간이 당신의 생명의 시간이요, 당신이 겪으신 올리브 산의 시간이라는 것, 그것을 깨달아 알 수 있는 은혜를 허락해 주소서. 그 시간이 내게 찾아온 것은 순전히 우연이 아니며, 인간의 사악함이나 비극적인 운명 탓도 아닌, 당신이 올리브 산에서 겪으신 운명에 나도 동참하게 하시려는 은혜임을 깨닫게 하소서.

이제 모든 것을 긍정할 수 있는 은혜를 허락하소서. 그 쓰라림까지도 긍정할 수 있게 하소서. 그 시간에는 모든 것, 심지어 내 죄의 결과까지도 당신의 영원하신 사랑의 뜻이기 때문입니다—그 사랑을 영원 무궁히 찬양할지어다! 온 하늘이 흐려져 굳게 닫힌 것 같을지라도, 하나님의 침묵이 무덤처럼 나를 가두고 있을지라도, 내 마음에 믿음도 사랑도 다 사라져 버린 것 같을지라도, 내 입술에서 더듬더듬 새어 나오는 기도의 말이 짓밟혀 깨진 마음의 귀에는 모두 거짓처럼 들릴지라도, 그런 시간에도 기도할 수 있는 은혜를 허락하소서. 그리고 내 마음을 죽음으로 몰아넣는 차가운 절망조차도 당신의 은혜를 힘입어 당신의 사랑을 향한 고백의 기도가 되게 하소서. 죽음의 두려움 속에서 그 무엇도 의지할 수 없는 한 영혼의 파괴적인 무력감마저도 아버지를 우러러 부르짖는 외침이 되게 하소서. 그리고 당신 앞에 무릎 꿇는 그 순간, 내 모든 것이 올리브산에서 당신이 겪으신 죽음의 두려움 속으로 가라앉아 그 안에 감싸이게 하소서.

오, 예수님, 생명의 천사가 당신께 건넨 그 잔을 들고서 우리에게 다가올 때, 우리를 불쌍히 여겨 주소서. 당신께 간구합니다. 우리를 불쌍히 여겨 주소서. 우리를 불쌍히 여기시되, 그 잔이 우리를 지나가도록 하지는 마소서. 당신께 속한 사람은 당신이 마신 잔을 당신과 함께 마셔야 합니다. 다만 그때 우리 곁에 계셔서 우리를 불쌍히 여겨 주소서. 우리 곁에 계시되, 우리가 그 시간에 스스로 강하다고 느끼는 것이 아니라, 우리의 약함 속에서 당신의 강함이 승리하도록 하소서. 우리를 불쌍히 여겨 주소서. 이것이 우리의 간구입니다. 당신이 올리브 산의 고난을 당하실 때, 당신은 올리브 산의 시간을 겪어야 하는 이들의 얼굴을 바라보셨습니다. 당신의 마음은 그 얼굴들에 위로를 받으셨습니다. 우리를 불쌍히 여겨 주소서. 이것이 우리의 외침입니다.

당신이 겪으신 올리브 산의 시간에 우리도 동참하게 하시는 예수님, 우리를 불쌍히 여겨 주소서.

참혹한 고통의 시간에 맞닥뜨려 그것이 당신의 고난에 동참하는 일임을 깨달아야 할 때, 우리를 불쌍히 여겨 주소서.

당신이 그러셨던 것처럼 우리도 하나님의 뜻이 너무 힘들고 이해할 수 없다고 느껴질 때, 우리를 불쌍히 여겨 주소서.

당신이 그러셨던 것처럼 슬픔과 혐오, 우울과 두려움이 우리를 엄습할 때, 우리를 불쌍히 여겨 주소서.

우리의 죄에 대한 회한이 몰려올 때, 우리를 불쌍히 여겨 주소서.

하나님의 거룩하심과 공의로우심을 마주하며 두려움에 휩싸일 때, 우리를 불쌍히 여겨 주소서.

우리의 잘못을 참회하고 속죄할 때, 우리를 불쌍히 여겨 주소서.

당신의 거룩한 몸된 교회의 고난에 동참하라는 부르심을 받을 때, 우리를 불쌍히 여겨 주소서.

자기에게 도취되어 우리의 고난을 과대평가하며 엄살을 부릴 때, 우리를 불쌍히 여겨 주소서.

당신이 그러셨던 것처럼 우리도 친구에게 배신을 당할 때, 우리를 불쌍히 여겨 주소서.

당신이 그러셨던 것처럼 우리도 아무런 도움의 손길도 기대할 수 없을 때, 우리를 불쌍히 여겨 주소서.

당신이 그러셨던 것처럼 우리도 적대와 미움의 대상이 될 때, 우리를 불쌍히 여기소서.

당신이 그러셨던 것처럼 우리의 사랑이 아무런 보답도 받지 못하고 허비된 것 같을 때, 우리를 불쌍히 여겨 주소서.

아버지께서 우리의 기도를 듣지 않으시는 것 같다고 느낄 때, 우리를 불쌍히 여겨 주소서.

고난의 밤은 깊어지고 믿음의 불빛이 꺼져 가는 것 같을 때, 우리를 불쌍히 여겨 주소서.

올리브 산의 시간 속에서 결국 희망이 절망 앞에 무릎 꿇는 것 같을 때, 우리를 불쌍히 여겨 주소서.

참된 의미의 '거룩한 시간' 속에서 우리 안의 하나님의 사랑이 사라지는 것 같을 때, 우리를 불쌍히 여겨 주소서.

결국 우리에게 남은 것이라곤 최후의 비참함, 극도의 무기력함, 도저히 하나님을 이해할 수 없다는 쓰라린 마음뿐일 때, 우리를 불쌍히 여겨 주소서.

당신이 그러셨던 것처럼 죽음의 두려움이 우리를 엄습할 때, 우리를 불쌍히 여겨 주소서.

하나님의 어린양, 주 예수님, 당신은 올리브 산에서 우리의 모든 고난을 짊어지셨습니다. 우리를 받아 주소서.

하나님의 어린양, 주 예수님, 당신은 올리브 산에서, 그리고 십자가 위에서 우리를 고난에서 건져 주시고, 그 고난을 거룩하게 만드셨습니다. 우리의 목소리를 들어주소서.

칼 라너의 기도

하나님의 어린양, 주 예수님, 당신은 당신과 함께, 당신 안에서 고난당한 이들을 아버지의 영광의 나라로 인도하십니다. 우리를 불쌍히 여겨 주소서. 아멘.

주님의 승천, 그리고 여기 계심

주님, 당신이 우리 눈앞에서 올라가신 모습 그대로, 참 사람으로 우리에게 다시 오신다면, 당신은 우리 안에서 당신을 발견하실 테지요. 짐을 지는 사람, 참고 참는 사람, 믿고 믿는 사람, 자비롭고 사사로움 없는 사람, 죽음의 어둠 속에서도 아버지를 굳게 붙잡는 사람, 사랑하며 기뻐하는 사람을 찾아내실 테지요. 오, 주님, 우리는 기꺼이 그렇게 되고 싶지만, 실제 우리의 모습은 그렇지 못합니다. 그러나 당신의 은혜는 그저 머물러 있지 않습니다. 바로 그런 우리의 문제 때문에 당신이 우리에게 오셨습니다. 당신이 하늘로 오르셔서 하나님의 보좌 우편에 앉으실 때, 당신의 영을 우리의 가슴에 부어 주셨습니다. 그래서 우리는 우리의 모든 경험이 가르쳐 주는 것과는 반대로 당신의 삶이 우리 안에서 계속되고 있음을 믿습니다. 비록 우리 안에서 여전히 당신이 아니라 우리를 발견하지만, 그럼에도 그것을 믿습니다. 당신은 우리의 생명과 함께 하늘로 오르셔서 하나님 우편에 앉아 계십니다. 당신은 그 생명을 가지고 다시 오셔서 우리 안에 있는 당신의 생명을 찾아내십니다. 당신이 그것을 찾아내실 것이라는 사실, 바로 그것이 우리의 영원입니다. 당신이 다시 오심으로 우리의 존재, 우리가 살아온 삶, 우리가 소유하고 짊어지고 있는 모든 것은 아버지의 영광 안에 들어가게 될 것입니다.

그리스도를 따라서

주 예수 그리스도, 살아 계신 하나님의 아들, 참 하나님이며 참 사람이 신 유일하신 한 분, 영원부터 하나님, 우리의 세상 시간 속으로 들어오셔 서 인간이 되시니, 그 시간 끝나는 날까지 당신은 우리와 힘께 계십니다. 당신을 찬양합니다.

당신은 우리와 모든 것을 나누셨습니다. 아버지의 영광의 빛, 아버지 의 모습을 고스란히 비춰 주시는 빛, 당신이 친히 우리의 삶을 사셨습니 다. 당신은 우리의 삶을 속속들이 아십니다. 우리의 삶을 사시고 그 삶을 모조리 맛보셨습니다. 인간의 삶이 어떤 것인지, 한 인간으로 산다는 것이 무엇인지 당신은 잘 아십니다. 당신이 어찌 아실까? 우리는 이렇게 말할 수 없습니다. 이 세상 권력과 폭력 아래서 살아간다는 것이 무엇인지 당신이 어찌 느끼실까? 우리는 이렇게 말할 수 없습니다. 당신은 몸을 가지고 사는 것이 무엇인지 다 느끼셨습니다. 죄와 죽음의 육체를 입고 사는 것이 무엇인지 다 알고 계십니다. 이 세상 권력자들 아래서 그 유한성 속에 붙잡혀 살아가는 것이 무엇인지 다 알고 계십니다. 굶주림, 죽음, 정치, 몰상식, 애처로움, 어쩔 수 없는 인습, 법률, 밥벌이의 강박, 선택한 적도 없는데 도무지 벗어날 수 없는 환경과 조건…. 당신은 한 인간이셨습니다. 한 인간이라는 사실이 의미 있고 아름답고 기쁘셨을 것입니다. 당신이 그런 삶을 사셨으리라고 믿습니다.

당신이 우리와 나누신 것 가운데는 당신이 이 세상에 가져오신 것들도 있습니다. 아버지의 사랑, 아버지의 영광, 아버지의 거룩하신 생명, 모든 진리의 근본인 아버지의 진리…. 아버지께서 당신께 주신 것을 당신은 전부 우리에게 주셨습니다. 하나님의 본성에 참여함, 성령, 영생…. 우리는 그것을 받아안습니다. 이제 우리는 준비되었습니다. 단순한 인간이 아니라 그 이상이 되는 것, 끝없이 인간 그 이상의 존재가 될 준비가 되었습니다. 영원의 아들, 하나님의 자녀, 언약의 상속자, 예수의 형제, 성령이 거하시는 성전, 아버지를 찬양하고 온 세상을 하나의 거대한 합창으로 이끌어 창조주 하나님께 나아가도록 하는 제사장, 왕 같은 제사장, 당신의 포도원 일꾼, 당신의 진리의 증인, 영으로 예배하는 자, 빛의 사자로서, 당신의 사도가 말한 것처럼 악하고 뒤틀린 세대 가운데 별과 같이 빛날 것입니다(빌 2:15).

그러므로 우리 안에 사십시오. 우리의 삶과 우리의 죽음은 당신께 속해 있습니다. 당신의 생명의 법에 순종하기를 원합니다. 우리를 사용하소서. 당신의 삶, 그 평범하고 일상적이고 쓰라린 삶이 우리 안에서 계속되는 것을 기이하게 여기는 것이 아니라, 언제나 환영하기를 원합니다. 그 삶은 아버지의 뜻을 양식으로 삼고 살아가는 삶입니다. 우리가 당신을 따르기를 원합니다.

영원한 대제사장이신 주님, 우리는 당신의 기도를 세상 끝나는 날까지 계속하기를 원합니다. 이 세상이 하나님께서 하신 모든 일에 영원한 '아멘'으로 응답하는 날까지, 영원한 상급의 기도를 한마음으로 드리는 그날까지 계속하려 합니다. 일상 속에서, 우리 인생의 중요한 순간에도, 우리의 내면을 뒤흔드는 시험 속에서도, 올리브 산의 무력감 속에서도, 우리 마음의 마지막 외로움 속에서도 기도하기를 원합니다. 항상 기도할 수 있는 은혜, 기도를 포기하지 않을 수 있는 은혜를 간구합니다. 성령 하나님께 간구합니다. 삼위일체 하나님의 생명 안에서 우리의 비천한 언어를 고이 모아 거룩한 말의 날개 위에 태워 보내서서, 이 세상의 허무 너머, 그 낭떠러지 너머 영원하신 하나님의 무한성으로 들어가게 하소서. 우리는 홀로 기도할 수 없습니다. 우리가 당신의 거룩한 백성의 공동체 안에서 기도할 때나, 아무도 없는 골방에서 기도할 때나 당신이 우리 가운데 계셔서, 우리 안에 계신 성령으로 기도하심을 믿습니다. 영과 진리로 아버지를 예배하시는 분, 우리 안에서, 우리와 함께 날마다 기도를 이끌어 주소서.

우리는 당신의 증인, 당신의 사도가 되기를 원합니다. 당신의 진리와 당신의 사랑을 증언하고, 이 세상의 구원을 위한 부르심에 응답하며 살아가기를 원합니다. 아버지께서 당신을 보내신 것처럼, 당신도 우리 모두를 보내십니다. 당신이 보내신 곳에서 우리가 해야 할 일은 너무 어렵습니다. 우리는 연약하고 겁도 많고 의욕도 없는데, 고집은 세고 어리숙하기만 합니다. 우리 삶의 무게만으로도 충분히 힘이 듭니다. 그래도 이 길을 가기를 원합니다. 늘 새롭게 시작하기를 원합니다. 우리는 언제라도 지쳐 쉼이 필요하다며, 슬며시 꽁무니를 뺄 수도 있습니다. 주님, 우리를 버려두지 마소서. 우리를 흔들어 깨워 주소서. 타인의 구원을 염려하고 타인을 위해 노력할 때에만, 스스로도 구원을 얻을 수 있음을 알게 하소서. 당신의 나라를 위해 일할 수 있는 기회가 주어졌을 때, 지혜롭고 민첩하게 하소서. 모든 희망을 거스르는 희망을 주소서. 우리의 무기력 속에서 당신의 능력을 베푸소서. 자기 이익을 추구하지 않는 사랑, 끈질기고 진실하고 신뢰할 만한 사랑을 주소서. 사명을 감당하는 삶 속에서도 우리에게 가장 가까이 있는 이들을 소홀히 여기지 않도록 도와주소서.

당신의 영이 우리 안에 계셔서 우리를 이끌어 가시면, 우리는 당신을 따를 수 있습니다. 당신이 우리 안에 계셔서 당신의 말씀, 그 자비로운 말씀을 계속 들려주십니다. 구원의 행동, 세상의 변화를 계속 일으키십니다. 우리가 당신의 영으로 당신을 따를 때, 당신의 나라가 한 걸음씩 다가옵니다. 아직은 그저 믿음 속에, 깊은 슬픔 속에, 당신의 십자가 그늘 아래 있지만, 그런 모습으로 당신의 나라가 참으로 오고 있습니다. 진리와 생명의 나라, 영광과 은혜와 정의와 사랑과 평화의 왕국이 오고 있습니다. 우리가 당신을 신실하게 따를 수 있도록 은혜를 베풀어 주소서. 아멘.

당신을 따르는 길, 이웃 사랑

주 예수 그리스도시여, 당신은 참된 믿음의 길 하나를, 내 삶에서 결정적인 믿음의 길을 친히 보여주셨습니다. 그 길은 이웃 사랑의 길, 일상적인 사랑의 길, 언제나 구체적인 도움을 주려고 준비되어 있는 사랑의 길입니다. 나는 그 길에서 당신을 만납니다. 때로는 당신을 만났다는 것을 전혀 알지 못하고, 때로는 알아차리기도 합니다. 생명의 빛이신 주님, 나를 그 좁은 길로 인도하소서. 한 걸음, 또 한 걸음, 늘 새로운 마음으로 끈기 있게 그 길을 갈 수 있도록 하소서. 용기를 내어 직접 사람들을 만나고, 내가 가진 재능과 나 자신을 내줄 수 있는 힘, 이해할 수 없는 그 힘을 내게 주소서. 도무지 헤아릴 수 없는 진리, 그것은 나의 사랑을 받는 이들과 당신이 하나로 연합되는 것, 바로 그 신비로운 연합 속에서 당신은 나와 마주하십니다. 당신은 인간의 온 생명을 받아 주시는 분, 동시에 하나님께 철저히 내맡겨진 채 인간을 향한 사랑이 되기를 그치지 않으시는 분입니다.

당신을 향한 나의 믿음은 여전히 길 위에 있기에 복음서에 나오는 한 사람의 말, 그 말을 나도 고백합니다. "내가 믿나이다. 주님, 나의 믿음 없음을 도우소서." 나를 당신의 길로 인도하소서. 아, 당신은 이웃에게 가는 길 자체입니다. 아무것도 모르고 찾아간 형제입니다. 그리고 그 안에서 하나님이십니다. 지금, 그리고 영원히. 아멘.

하나님의 말씀, 나를 향한 언약

예수님, 당신은 인간의 존재에 대해 아무런 제약 없는 질문, 모든 것을 열어 놓는 질문, 신중하게 따지는 질문을 던지셨습니다. 나 자신이 그 질문입니다. 당신의 질문은 그저 말이 아니라 삶 전체였습니다. 나처럼 어정쩡하고 타협적인 것이 아니었습니다. 나는 확실하다 싶은 개별적인 것에 집착합니다. 내가 매달리는 죽음이라는 주제도 그렇습니다. 죽음이 내게 던지는 절대적인 불확실성을 느끼며, 그 죽음을 마지못해 견뎌 내는 것일 뿐, 죽음을 적극적으로 사는 것은 아닙니다. 그러나 당신은 근본적인 질문이십니다. 나도 그런 질문이어야 하는데 그러지 못합니다.

당신은 당신의 자유로 죽음을 맞으셨습니다. 그리고 하나님께서는 그런 당신을 통해 그 무한한 질문을 자기 자신의 질문으로 받아들이시고, 그 질문을 높이 들어 올려 대답이 되게 하셨습니다. 그것은 당신의 거룩하신 신비, 그 무엇으로도 헤아릴 수 없는 신비입니다.

나는 세례를 받고 교회의 지체가 되었지만, 교회가 당신에 관해 하는 말이 도무지 이해되지 않을 때가 있습니다. 그 말이 무슨 뜻인지 내 삶을 통해 배울 수 있도록 도와주소서. 내가 끈기를 가지고 기다릴 수 있기를 원합니다. 교회가 하는 말을 내가 직접 경험한 말로 옮기는 일을 계속 시도하려 합니다. 내가 경험한 것을 확장시키고 잘 간추려서, 교회가 당신에 관해 믿고 고백하는 말 속에 포함시킬 수 있기를 원합니다.

어제도 오늘도 영원히 당신은 **현재로 계십니다.** 하나님 앞에서는 당신의 생명이 그저 스러져 버릴 수 없습니다. 당신은 무한한 질문, 나의 유한한 생명은 그 질문의 일부, 인간입니다. 그런데 하나님께서 당신 안에서 친히 내게 말씀하시고 직접 대답이 되어 주셨으니, 당신은 하나님의 말씀이십니다.

십자가에 달려 죽어 가시는 당신은 질문 자체, 하나님께서는 당신의 부활을 통해 영원한 대답을 친히 보여주십니다. 그러므로 당신은 하나님의 대답이십니다. 당신은 하나님이며 사람, 사람이며 하나님이신 분,

뒤섞이지 않는, 그러나 영원히 둘로 나뉘지 않으시는 분입니다. 나의 삶

과 죽음이 모두 당신 것 되게 하소서. 아멘.

예수를 만나는 것

．

예수님, 당신에 대한 가르침과 교리는 모두 훌륭합니다. 그 앞에서 나는 항상 이렇게 말합니다. "주님, 나의 믿음 없음을 도우소서." 당신에 대한 가르침과 교리가 좋은 이유는 오직 하나, 그것이 당신에 대한 나의 이미지, 내적인 이미지를 또렷하게, 아니 바로 당신을 더 또렷하게 해주기 때문입니다. 당신이 성령으로 내 마음에 친히 말씀해 주신 그 모습, 당신이 내 인생의 운명 속에서 말없이 만나 주신 그 모습, 당신의 깊은 은혜를 경험하면서 마주한 그 모습을 더욱 또렷하게 해주는 교리여야 합니다.

내가 아무런 보답도 바라지 않고 용기 내어 다가서는 이웃 속에서, 내가 아무런 대가도 바라지 않고 지키는 양심 속에서 당신은 나와 만나 주십니다. 어떤 이유가 있는 사랑, 이유가 있는 기쁨이 아니라 내게 **영원한** 사랑과 기쁨을 믿는 용기가 있는지 물으며, 아직은 아무것도 손에 잡히지 않지만 약속을 의지하고 끝끝내 붙잡는 사랑과 기쁨 속에서 만나 주십니다. 내 가슴의 움푹한 그곳에 죽음의 컴컴한 물이 서서히 차오를 때 만나 주십니다. 평생 동안 부단히 나를 엄습해 오던 죽음의 어두운 그림자 속에서 만나 주십니다. 고된 하루 일과, 날마다 집행 유예 상태로 살아가는 일상 속에서 만나 주십니다. 어디서든 나와 만나 주십니다. 당신의 이름을 부르든지, 못 부르든지 모든 것 안에 당신이 계십니다. 모든 것 안에서 하나님을 찾는 가운데 치명적인 허무의 구덩이에서 벗어나, 모든 것 안에서 내가 사랑하는 인간을, 나라는 인간을 단념하지 않을 수 있습니다. 모든 것이 당신을, 하나님이며 사람이신 당신을 의지합니다. 모든 것이 당신을 애타게 부르고 있습니다. 당신 안에서 인간은 하나님을 섬기며 살아가되, 인간을 단념하지 않습니다. 당신 안에서 하나님은 사람을 찾아 만나시되, 부조리의 극치만을 볼 것이라고 걱정하지 않으십니다.

나는 당신의 이름을 부릅니다. 내 심장의 마지막 힘을 다해 당신을 붙잡습니다. 당신을 찾게 하소서. 내 삶 가운데 당신을 만나게 하소서.

교회가 당신에 관해 말하는 것을 서서히 이해할 수 있도록 도우소서. 궁극적으로는 오직 두 단어만 남습니다. 하나는 하나님, 하나는 인간— 오직 **하나**뿐인 신비! 나는 모든 희망과 사랑을 품고 온전히 그 신비에 나를 맡깁니다. 그 신비는 명백한 대립 속에서도 진실로 하나입니다. 예수 그리스도, 당신 안에서 하나입니다. 그런 당신께, 그 옛날 의심과 의문 속에서 당신의 상흔에 손을 넣었던 제자 도마처럼 나도 이렇게 고백합니다. "나의 주, 나의 하나님!" 아멘.

III. 성령 안에서

성령

주 예수 그리스도, 아버지의 아들, 모든 인간의 길과 목적이 되신 주님, 모든 하늘보다 높은 곳 아버지의 우편에 좌정하신 당신은 약속하신 성령을 우리에게 부어 주셨습니다. 우리는 이 세상 끝나는 날까지 우리 곁에 계시는 당신의 영에 힘입어, 우리 안에서 당신의 삶과 죽음을 이어 나가며 아버지께 영광이 되고 우리의 구원을 이루게 되었습니다.

주님, 우리에게 달려드는 영들을 보소서. 우리에게 분별의 은사를 허락하소서. 우리에게 깨달음을 주소서. 당신을 향한 그리움 속에서 하루 하루 보낼 때, 일상에서도 빛을 발하는 깨달음을 허락하소서. 우리가 당신을 추구하고 당신을 갈망할 때, 당신이 주시는 영은 고요함과 평화의 영, 신실함과 자유의 영, 꾸밈없는 명료함의 영입니다. 불안과 두려움, 편협과 무거운 우울의 영은 우리의 영이거나 어두운 심연의 망령입니다.

주님, 위로의 영을 우리에게 보내 주소서. 위로를 찾아볼 수 없는 메마른 시간, 영적인 무기력의 시간에도 당신께 신실할 수 있으며 마땅히 그래야 합니다. 우리에게 위로와 능력과 기쁨과 신뢰의 영, 믿음과 소망과 사랑 안에서 성숙해 가는 영, 당신의 아버지를 기쁘고 힘차게 찬양하는 영, 고요함과 평화의 영을 주소서. 신앙의 암울, 암흑, 혼란, 저속하고 세속적인 관심, 절망적인 불신, 나태, 슬픔, 버림받은 느낌, 분열, 그리고 당신에게서 아주 멀리 떨어져 있는 것 같은 막막함은 몰아내 주소서.

하지만 우리가 그 길도 가야 한다고 여기신다면, 당신께 간구하오니, 그런 시간, 그런 날이 찾아올 때마다 성령의 능력 안에서 신실함과 굳은 믿음을 허락하소서. 어디로 가야 할지 모르는 상황에도 마땅히 가야 할 길을 계속 가도록 인도하소서. 당신의 빛이 우리를 비추고 당신의 기쁨이 우리의 마음을 넓혀 주실 때, 우리의 결단을 다시 붙잡고 방향을 잘 유지하게 하소서. 주님, 그렇습니다! 아무런 도움도 없는 절대 고독과 고립의 한복판에서 더욱 용기 있게 앞으로 나아갈 수 있는 영을 주소서. 더욱 담대하게 '이제부터가 진짜!'라고 외치며, 스스로 돌아보고 기도하고 회개할 수 있는 영을 허락하소서. 모든 것으로부터 버림받은 듯한 순간에도 당신의 은혜는 우리를 저버리지 않으신다는 무조건적인 믿음, 우리가 비록 느끼지 못해도 당신은 진실로 우리와 함께하시며, 우리의 무력함이 드러난 자리에서 당신의 능력으로 승리를 이루신다는 믿음을 허락하소서. 우리에게 신뢰할 만한 기억의 영을 베푸셔서, 당신이 우리를 따뜻하게 찾아와 주신 것을 기억하게 하소서. 또한 지금은 희미하나 장래를 고대하는 영을 주셔서, 당신의 사랑이 온전히 드러나게 될 날을 바라보게 하소서. 아무런 위로도 찾을 수 없는 시간에 우리의 죄악과 비참함을 고백하고 겸손히 우리의 연약함을 경험하게 하시며, 결국 모든 위로와 모든 선의 참된 근원이 오직 당신이라는 사실을 고백하게 하소서. 마침내 당신의 위로가 우리를 찾아오는 그날, 그 위로가 겸손의 영과 동행하게 하시고, 아무런 위로 없이도 당신을 섬길 수 있는 마음을 허락하소서.

우리에게 항상 담대함의 영을 내려 주소서. 시험과 유혹을 분별해 내는 용감한 결단의 영을 주소서. 시험과 유혹 앞에서 논쟁하거나 타협하려 하지 않고, 단호하게 '아니'라고 말할 수 있게 하소서. 그것이야말로 가장 분명한 전략임을 알게 하소서. 상황이 암울할 때, 안 그런 척 수다를 떨거나, 멍하니 자기만 바라보거나, 혼자서도 해결할 수 있다고 생각하는 어리석은 자만에 빠지지 않게 하시고, 겸허히 타인의 조언을 구하는 마음을 허락하소서. 우리에게 거룩한 지혜의 영을 보내 주셔서, 우리의 삶과 품성에서 진정 위험한 부분이 어디인지 발견하게 하시고, 가장 상처 입기 쉬운 그 자리에서 오히려 가장 진실하게 깨어 일어나 싸울 수 있도록 도와주소서.

한마디로 말하면 이것입니다. 주님, 당신의 영을 내려 주소서! 당신의 사도가 말한 성령의 열매(갈 5:22-23), 곧 사랑, 희락, 화평, 오래 참음, 자비, 양선, 충성, 온유, 절제를 우리에게 허락하소서! 성령 안에서 성령의 열매를 누리며 살아갈 때, 우리는 율법의 노예가 아니라 하나님의 자유로운 자녀입니다. 우리 안의 영이 이렇게 외치게 하십니다. '아바, 아버지!' 그리고 그 영이 말할 수 없는 탄식으로 우리를 위해 간구하십니다. 그 영은 영원한 생명의 기름 부으심, 영원한 생명의 인 치심, 영원한 생명의 선금 지불입니다. 그 영은 영원한 생명수의 근원, 마음에서 솟아나 영원한 생명을 향해 솟구치며 이렇게 속삭이십니다. '일어나라. 아버지께 돌아가자!'

예수님, 우리에게 그 영을 보내 주소서! 성령강림절의 은사를 더, 더 부어 주소서! 우리의 영의 눈을 환히 밝히시고 우리의 영적 감각을 예민하게 벼려 주셔서, 당신의 영과 다른 모든 영을 분별할 수 있게 하소서.

우리에게 당신의 영을 주소서. "예수를 죽은 자 가운데서 살리신 이의 영이 너희 안에 거하시면 그리스도 예수를 죽은 자 가운데서 살리신 이가 너희 안에 거하시는 그의 영으로 말미암아 너희 죽을 몸도 살리시리라"(롬 8:11). 이 말씀이 우리를 가리키는 말이 되게 하소서. 주님, 우리의 매일매일이 성령강림절이 되게 하소서. 당신의 남종과 여종이 당신이 명령하신 담대함으로 간구합니다. 우리 안에 성령강림의 사건이 일어나게 하소서. 이제와 영원히, 아멘.

하나님이 주신 자유

우리가 여기 존재한다는 사실의 영원한 신비가 되시는 하나님, 당신이 측량할 수 없는 분이라는 사실로 인해 우리의 삶은 무한히 넓어졌습니다. 그래서 당신은 우리를 자유로운 존재가 되게 하셨습니다. 당신의 무한하심 외에는 모든 것을 일시적인 것으로 만드셨습니다. 그렇게 우리를 보호해 주셨습니다. 우리는 우리 안에, 우리 주변에 우상을 두고 자꾸만 그것을 경배하려 합니다. 그러나 그 우상 때문에 우리는 돌처럼 굳어져 갑니다. 당신은 그 모든 우상을 거듭거듭 무너뜨리심으로 우리가 올바로 당신을 향하게 하셨습니다.

칼 라너의 기도

당신만이 우리의 끝없는 끝이시기에 우리 눈앞에 펼쳐진 한없는 소망을 바라봅니다. 우리가 진정 철저하게 당신을 믿는다면, 우리에게 자신을 내어 주신 당신을 믿는다면, 우리는 참으로 자유로운 존재입니다. 당신은 그 승리를 우리에게 약속하셨습니다. 나사렛 예수께서 처절한 죽음 속에서도 끝끝내 당신을 아버지로 고백하심으로, 스스로를 위해, 모두를 위해 얻어 내신 승리입니다.

십자가에 달려 죽으시고 부활하신 나사렛 예수를 바라보면서 우리는 확신합니다. 이념이나 권력, 폭력도, 전통의 무거운 짐이나 미래 유토피아도, 이성이라는 우상, 우리 자신의 깊이라는 우상도, 우리 안팎의 그 무엇이라도 우리 주 예수 그리스도 안에서 나타나신 하나님의 사랑에서 우리를 끊을 수 없습니다. 형언할 수 없는 하나님께서 모든 것을 끌어안는 자유하심으로 자기 자신을 내어 주신 그 사랑에서 우리를 끊을 수 없습니다.

내 일상의 하나님

주님, 나의 일상을 당신 앞에 내어놓습니다. 기나긴 시간, 기나긴 나날은 온갖 것으로 가득한데, 당신의 자리가 없습니다. 나의 일상들을 한번 보십시오. 자비로우신 하나님, 나의 온유하신 하나님, 인간에게 일상을 빼면 남는 것은 거의 없습니다. 나의 영혼을 보십시오. 이 세상 온갖 하찮은 것들, 온갖 쓸데없는 말과 행동, 호기심, 공허한 거들먹거림을 가득 실은 트럭이 부산스럽게 돌아다니는 길거리에 불과합니다. 당신 앞에서, 당신의 투명한 진리 앞에서 나의 영혼은 번잡한 시장 바닥에 불과합니다. 사방에서 몰려온 고물 장수들이 한자리에 모여, 세상 궁색한 보물

칼 라너의 기도

들을 펼쳐 놓고 장사를 벌이는, 나와 온 세상 사람들이 끝없는 불안 속에
서 무뎌질 대로 무뎌져 허무 위에 허무만 더하는 시장 바닥에 불과합니
다. 학창 시절, '철학자' 소리를 들었던 저는 '영혼이 전부'라고 배웠습니
다. 그러나 하나님, 내가 직접 경험한 것은 얼마나 달랐던지요! 내가 당
시 생각하고 꿈꿨던 것과는 너무나 달랐습니다. 나의 가련한 영혼은 그
야말로 '모든 것'이 사방에서 무차별적으로 쏟아져 들어와 쌓여 가는 거
대한 창고와 같은 모습이었습니다. 결국에는 천정 꼭대기까지 일상으로
가득 찬 곳이 되고 말았습니다.

나의 하나님, 내 인생이 앞으로도 이런 식이라면, 나는 도대체 뭐가 되
겠습니까? 일상의 모든 잡동사니를 갑자기 그 창고에서 모조리 치워 버
려야 하는 때가 오면 어떤 기분이 들까요? 언젠가 죽음의 시간이 찾아
오면 어떻게 될까요? 그러면 일상이란 더 이상 존재하지 않겠지요. 나는
지금 나의 삶과 시간을 채우고 있는 모든 것으로부터 갑자기 완전히 버
림받은 처지가 되는 것입니다. 그런 시간에 나는 어떤 모습일까요? 그
시간의 나는 그 어느 때보다 나 자신이고 그 밖에는 아무것도 아닐 텐데,
그때 나는 뭐라고 할 수 있을까요? 평생토록 일상 속에만 살던 나, 그저
내 일과를 수행하며 온갖 쓸데없는 말과 행동으로 가득한 폐허 위에서
살아온 나는 뭐가 되는 것일까요? 언젠가 죽음의 압도적인 힘이 밀려와
내 삶으로부터, 그 많고 많은 나날, 기나긴 세월로부터 그것의 진짜 내

용물을 가차 없이 빼앗아 가면, 도대체 어떤 결과가 기다리고 있을까요? 나의 하나님, 당신이 내게 자비를 베푸셨다면, 내 일상의 거대한 망상 위로 다가오는 커다란 실망 속에 적어도 몇몇 진실한 부분이 남아 있겠지요. 진실하지 못한 인생이 남긴 진실의 자투리, 적어도 몇 번은 일상의 허접쓰레기로 가득한 삶의 한구석에 당신의 사랑과 은혜로 슬며시 들어온 진실의 자투리입니다.

도대체 어떻게 하면 이처럼 절망적인 일상을 살지 않을 수 있을까요? 어떻게 해야 나도 당신처럼 절망을 희망으로 바꾸는 사람, 꼭 필요한 사람이 될 수 있을까요? 어떻게 해야 일상에서 벗어날 수 있을까요? 나를 이런 일상 속으로 집어넣은 것은 **당신**이 아니신가요? 나의 참삶은 당신을 추구하는 것이요, 일상으로 숨이 턱 막혀 버리는 삶이 아니라는 것을 처음으로 어렴풋이나마 깨달았을 때, 나는 이미 이 세상과 일상에 너무 깊이 들어와 있지 않았는지요? 나를 인간으로 만든 것은 당신이 아니신가요?

인간이란 무엇입니까? 그러지 않으려고 해도 자꾸만 당신의 무한성을 갈망하는 존재, 저 먼 곳에서 빛나는 당신의 별들을 향해 다가가려는 존재, 이 세상 모든 거리를 다 돌아다녔지만 그 모든 길의 끝에서 당신의 별들은 전과 똑같이 멀리서 빛나고 있음을 보게 되는 존재? 그러나 보소서, 나의 하나님, 만일 내가 일상에서 도망치려 한다면, 예컨대 카르투지오회 수도사Kartäuser*가 되어 아무것도 하지 않고 오직 당신의 거룩하신 얼굴만 바라보고 침묵 가운데 기도하며 지낸다면, 진정 일상에서 초연한 경지에 이른 것일까요?

내가 당신의 제단 앞에 서 있을 때나, 당신의 교회가 하루 일과에 따른 기도문을 바칠 때를 생각해 보면, 나의 나날을 일상적인 것으로 만드는 것은 세상의 일들이 아님을 알게 됩니다. 거룩한 일과도 잿빛 일상으로 만들어 버릴 수 있는 존재는, 다름 아닌 나 자신입니다. 나의 나날이 나를 일상으로 만드는 것이 아니라, 내가 나의 나날을 일상으로 만듭니다.

이런 내가 당신께 갈 수 있는 길이 있다면, 그 길은 나의 일상을 통과해 가는 길임을 알고 있습니다. 일상을 거치지 않고 당신께 피할 수 있는 유일한 길은, 그 거룩한 도피의 여정을 떠나면서 나 자신을 두고 가는 것입니다. 그러나 일상의 한복판을 통과해 당신께 가는 길이 있을까요? 그런 길은 당신에게서 점점 더 멀어지게 하고, 고요한 하나님은 계시지 않는 세상의 시끄러운 공허 속에 점점 더 깊이 빠져들게 하는 것 아닐까요? 나는 잘 알고 있습니다. 인생과 마음을 완전히 사로잡았던 일에도 언젠가는 싫증을 내는 것이 인간입니다. 철학자들이 말하는 '인생의 권

---

* 1084년, 쾰른의 성 브루노가 프랑스 그로노블 북쪽 샤르트뢰즈 계곡에 세운 수도회로, 고독한 은거와 수도원 공동생활을 병행했다. 카르투지오회 수도사들은 기도와 예배 때만 함께 모이고, 나머지는 각자의 방에서 기도하고 식사하고 잠을 잔다. 세속적인 일상에서 완전히 빠져나와 엄격한 독거와 명상생활을 하는 것으로 유명하다―옮긴이.

태'*taedium vitae*와 선조들이 인생의 마지막에 이르러 경험하노라고 고백했던 '인생의 지겨움'을 나도 점점 실감하고 있습니다. 그렇습니다. 인간의 일상은 그냥 내버려 두어도 결국에는 거대한 우울로 변해 갑니다. 이런 것은 이방인들도 경험하는 바가 아닙니까? 어쩌면 그렇게 일상이 맨얼굴을 드러낼 때, 모든 것이 헛되고 마음을 괴롭히는 것임을 고백하게 될 때, 나 자신이 전도서의 말씀을 고스란히 체험하게 될 때, 그때 우리는 이미 당신과 함께 있는 것일까요? 어쩌면 일상은 이런 단순한 방식으로 당신께 이르는 길이 되는 것일까요? 혹은, 평소에는 마음의 지루함과 황량함을 잊게 해주는 것이었지만, 다 타고 재가 된 마음에는 그것들조차 있으나 마나 한 것이 되었으니, 오히려 이것이야말로 일상이 최후 승리를 거머쥔 모습일까요? 활기차고 낙관적인 마음보다 지치고 실망한 마음이 당신께 더 가까운 것일까요? 일상의 의욕에 이끌려 살다가 이미 당신을 잊어버렸지만, 일상의 실망에 부딪힌 뒤에도 아직 당신을 찾지 못한 이들, 그래서 쓰라리고 병든 마음으로 살면서 당신을 찾을 힘조차 없는 이들, 그들은 도대체 어디서 당신을 찾을 수 있을까요?

나의 하나님, 만일 우리가 모든 것에서 당신을 잃어버릴 수 있다면, 기도와 예배, 수도원의 정적, 세상 모든 것에 대한 처절한 실망도 그 자체로는 안심할 만한 것이 못 됩니다. 그런 거룩한 시간, 비일상적인 시간도 결국에는 일상이 될 뿐입니다. 주님, 바로 그것입니다. 그러면 일상은 내 인생의 한 '부분', 내 인생의 가장 긴 부분 정도가 아닙니다. 일상이 아닌 때가 없습니다. '모든 것'이 일상입니다. 그 모든 것이 내게서 단 하나를 망가뜨리고 빼앗아 가려 합니다. 그 하나, 꼭 필요한 하나가 바로 당신, 나의 하나님이십니다.

그러나 그저 찾아가기만 하면 당신을 발견할 수 있는 곳은 어디에도 없습니다. 모든 것이 있는 것처럼 보여도 단 한 분, 당신이 없을 수 있다면, 그렇다면 나는 모든 것 안에서 당신을 발견할 수도 있어야 합니다. 그렇지 않고서는 인간이 도무지 당신을 발견할 수 없기 때문입니다. 인간은 당신 없이는 존재할 수 없습니다. 그렇다면 나는 모든 것 안에서 당신을 찾아야 합니다. 그렇다면 모든 나날이 일상이요, 모든 나날이 당신의 날, 당신의 은혜의 시간입니다.

모든 것이 일상이며, 특히 당신의 날입니다. 나의 하나님, 이제 나는 오래전부터 이미 알고 있던 것을 다시금 이해하게 됩니다. 내가 이성으로는 여러 번 말했던 것이지만, 다시금 마음에 생생히 살아납니다. 마음의 생명이 되지 못하는 이성의 진리가 무슨 소용이 있겠습니까? 수년 전에 루이즈브로크Ruysbroeck, 1293-1381*의 글을 읽다가 한 단락을 쪽지에 옮겨 적었습니다. 나는 그 쪽지를 수시로 꺼내 읽습니다. 오늘도 다시 읽습

---

* 중세 후기의 신학자, 저술가. 브뤼셀 근처 루이즈브로크에서 태어나 활동했다— 옮긴이.

니다. 내 마음이 자꾸만 그 글을 붙잡습니다. 그 글을 읽을 때마다 위로를 받기 때문입니다. 이 경건한 사람이 그리는 삶의 모습이 위로가 되기 때문입니다. 그 글을 처음 읽고 수많은 일상의 나날이 지나갔는데도, 여전히 그것을 사랑할 뿐 아니라 더욱 사랑하게 되었다는 사실이 내게는 하나의 언약처럼 다가옵니다. 당신이 언젠가는 내 일상 위에도 그런 복을 내리실 것이라는 언약 말입니다.

"하나님은 끊임없이 우리 안에 오신다. 때로는 간접적으로, 때로는 직접적으로 오셔서 우리에게 '즐김'과 '사역'을 요구하시되, 하나가 다른 하나를 방해하는 것이 아니라 계속 힘을 북돋워 주도록 요구하신다. 그러므로 경건한 사람은 이 두 가지 방식, '휴식'과 '사역'으로 인생을 살아간다. 각각의 영역을 온전하고 충일하게 살아 낸다. 즐기면서 휴식할 때, 그는 하나님 안에서 온전하다. 일하면서 사랑할 때, 그는 자기 자신 안에서 온전하다. 하나님은 항상 그에게 두 가지, 휴식과 사역을 날마다 새롭게 하라고 말씀하신다. 그러므로 인간은 신실한 사랑과 영원한 사역을 통해 의로운 인간이 되어 하나님께 다가갈 수 있다. 그는 영원한 휴식 속에서 즐거움을 추구하며 하나님 안에 들어간다. 그리고 그는 하나님 안에 머무르면서 모든 것을 아우르는 사랑으로 바깥의 모든 피조물에게 다가간다. 이것이 경건한 삶의 최고 단계다. 휴식과 사역을 훈련하여 갖추지 못한 사람이라면, 그 누구도 이 의로움에는 이르지 못한 것이다. 의

칼 라너의 기도

로운 사람은 묵상을 할 때도 거침이 없다. 그의 묵상은 즐김이면서 사역이기 때문이다. 비유컨대 그는 이중 거울과 같아서 양쪽 면을 다 받아들인다. 그의 영혼의 가장 높은 부분은 하나님과 그분의 모든 은사를 받아안는다. 그의 영혼의 가장 낮은 부분은 감각을 통해 육체의 일들을 받아들인다…."

나는 일상의 날과 당신의 날을 **함께** 훈련해야 합니다. 세상을 향해 나아가는 것은 동시에 당신께 들어가는 것이어야 합니다. 모든 것 안에서 오직 한 분이신 당신을 붙드는 것이어야 합니다. 하지만 어떻게 나의 일상이 당신의 날이 될까요? 나의 하나님, 오직 당신을 통해서! 오직 당신을 통해서 나는, 다채로운 하루 일과 속에서 '경건한' 내면의 삶을 살 수 있습니다. 내가 밖에 나가서 이런저런 사물을 가지고 일을 하더라도, 나의 내면은 언제나 당신 곁에 머무를 수 있습니다. 오직 당신을 통해서!

오늘날 철학자들이 말하는 것과는 달리, 세상 사물에 대한 헛된 집착에서 우리를 건져 주는 것은 두려움과 허무와 죽음이 아닙니다. 오로지 당신의 사랑, 당신을 향한 사랑만이 우리의 구원이 됩니다. 당신만이 모든 사물의 목표이자 과정, 모든 것의 만족입니다. 나의 무한하신 하나님, 당신의 사랑과 당신을 향한 사랑은 이 세상 모든 것을 관통하고, 모든 것의 핵심을 관통한 뒤 모든 것 위로 솟구쳐 올라 무한히 넓으신 당신의 품으로 들어갑니다. 흩어져 헤매던 수많은 것들이 하나로 연합하여 당신의 무한하심을 찬양하는 합창이 됩니다. 당신 앞에서는 수많은 것들이 하나가 됩니다. 당신 안에서는 이리저리 흩뿌려진 물도 하나로 고입니다. 당신의 사랑 안에서는 모든 표면적인 것이 내면을 경건하게 만듭니다. 당신의 사랑 안에서는 일상을 향해 나아감이 영원한 생명이신 당신의 하나됨 속으로 들어감이요 내면의 묵상이 됩니다.

일상을 일상 그대로 두면서, 일상의 날을 당신 안으로 들어가는 날이 되게 하는 그 사랑은 오직 당신만이 내게 주실 수 있습니다. 나 자신을, 나의 일상을 당신 앞에 가지고 나온 이 순간, 당신께 무슨 말을 하겠습니까? 그저 한 가지만 더듬더듬 간구합니다. 가장 평범한 은사, 그래서 가장 높은 곳의 은사, 당신의 사랑을 주소서. 내 마음을 당신의 은혜로 휘저으소서. 내가 세상 사물에 손을 뻗을 때 기쁨을 느끼든지, 고통을 느끼든지, 그 모든 것을 통해 모든 것의 근원 중 근원이신 당신을 끝끝내 붙잡고 사랑하게 하소서. 사랑이신 주님, 나에게 사랑을, 당신을 주소서. 그리하여 나의 모든 나날이 당신의 영원한 생명의 한날로 흘러들게 하소서.

은혜로 사는 삶

주 예수 그리스도시여, 우리를 구원하시는 당신의 죽음을 믿는 믿음
으로 당신께 기도합니다. 우리의 영혼이 당신을 더듬더듬 찾아갈 때, 우
리는 당신의 영으로 당신 안에 있으며, 당신은 우리 안에 계십니다. 우
리가 세례를 받을 때, 당신은 우리의 머리에 당신의 손을 얹으셨습니다.
우리의 마음에 당신의 영을 부어 주셨습니다. 우리의 죄를 다 짊어지시
고, 당신의 은혜로 그것을 이기셨습니다. 당신은 우리 존재의 공간을 넓
히셔서 아버지의 측량할 수 없는 세계 속으로, 우리가 도무지 파악할 수
없는 그 신비 속으로 들어가게 하십니다. 우리는 여태껏 추측하고 이해

했던 것보다 더 큰 존재가 되어 있습니다. 우리가 이 세상 어둠 속을 헤매는 동안 우리 일상의 모든 경험을 통해, 최악의 경험과 최고의 경험을 통해 알고 있던 모든 것보다 더 큰 존재가 되어 있습니다. 우리는 당신의 영으로 기름 부으심을 받았으며, 당신의 은혜로 거룩해지고 하나님의 참된 자녀로 다시 태어났으며, 하나님의 거룩하신 본성에 참여함으로 영원한 생명을 약속받았습니다. 당신의 멀리 계심, 영원하신 하나님의 멀리 계심, 눈부신 진리, 절대 거룩, 불타오르는 사랑, 풍성히 흘러넘치는 생명, 그 멀고 아득함은 이제 가까움이 되었습니다. 그리고 그 가까움이 우리 것이 되었습니다.

이 모든 것은 우리가 당신의 성령을 받았기 때문입니다. 성령은 속사람을 위한 거룩한 기름 부으심, 인 치심, 인생의 끝없는 밑바닥을 모두 채워 주심. 성령은 우리 안의 생명, 죽음 너머를 맛보게 해주시는 생명. 성령은 경계 없는 기쁨, 비록 우리의 현실은 눈물이 범람하는 낮은 지대이지만, 무섭게 흘러내리는 눈물의 마지막 발원지까지 완전히 마르게 하시는 기쁨. 성령은 우리 안에 계시는 하나님, 마음의 거룩함, 마음의 감춰진 환희, 우리의 힘이 끝나고 우리의 웃음도 사라져 모든 것 끝난 듯해도 놀랍게 살아 움직이시는 능력. 성령이 우리 안에 계시니, 우리는 믿음을 포기하지 않습니다. 눈먼 바보 같은 우리이지만, 내면 깊은 곳에서는 이미 알고 있습니다. 성령이 알고 계시며, 성령이 우리 것이기 때문입니다. 성령은 우리 안의 희망이십니다. 절망의 낭떠러지 위로 우리를 실어 나르십니다. 성령은 우리 안의 사랑이십니다. 우리를 사랑하시고 우리도 사랑하며 살게 하시는 사랑, 차가운 마음, 작고 좁은 마음을 가진 우리일망정 그 사랑으로 크게 기뻐하며 마음껏 베풀게 하십니다. 성령은 우리 안에 영원한 청춘으로 계십니다. 우리의 시간과 마음이 비참하게 늙어 갈 때도 영원한 젊음을 주십니다. 성령은 모든 눈물 뒤에 조용히 스며 나는 웃음, 우리를 든든히 붙들어 주는 신실하심과 자유, 우리 영혼의 행복한 날갯짓.

우리는 우리가 알고 있는 것 이상의 존재입니다. 이것을 고백하면서 주님께 영광을 돌립니다. 당신의 말씀을 의지하여 우리의 생각, 우리의 경험을 내려놓습니다. 우리가 경험한 우리의 모습은 공허하고 얼빠진, 바닥모를 비참한 존재. 우리의 유한성과 죄에 대한 경험은 먼저 우리 자신의 심판을 받습니다. 우리의 경험이 우리에 대해 말하는 바가 바로 이것입니다. 그러므로 우리는 **당신의** 말씀을 믿습니다. 이 말씀이 우리에 대해 말하는 것이 우리의 진정한 실체, **유일무이한** 실체입니다. 이 말씀은 하나님의 진리와 사랑입니다. 아직은 감춰져 있지만 이미 있는 것, 아직은 믿기만 할 뿐이지만 이미 가지고 있는 것, 아직은 희망을 무너뜨리는 고통이요 끝없는 불안의 가시이지만 이미 영원한 생명의 위로와 확신, 아직은 시간 속의 무한한 운동력이지만 이미 영원한 안식의 고요함, 아직은 우리의 죄에 대한 심판이지만 이미 우리의 무죄를 선고하는 말씀.

주님, 우리는 당신 것입니다. 우리가 당신의 성례전 앞에 무릎 꿇습니다. 우리를 살리신 당신의 죽음의 성례전 앞에, 우리 마음의 온갖 소음보다 큰 목소리로 부르시는 당신의 침묵의 성례전 앞에, 이 땅에서 온 하늘의 증표가 되신 당신의 몸의 성례전 앞에 무릎 꿇습니다. 당신의 몸을 우러러보며 당신께 간구합니다. 우리 안에 거하소서. 당신의 영으로 우리를 채우소서. 우리는 믿습니다. 우리의 연약함 속에서 승리를 이루시는 당신의 능력을, 우리의 비참함마저 받아안으시는 당신의 자비를, 우리의 거짓과 싸워 이기신 당신의 진리를, 우리의 편협함을 활짝 열어 주신 당신의 자유를 믿습니다. 우리 안에 거하소서. 더 이상의 율법이 필요 없는 당신의 영 안에서 당신의 명령을 기쁨으로 따르는 우리가 되게 하소서. 헛된 희망이 모두 좌절된 자리에서 용감히 희망하게 하소서. 이 땅마저도 복을 베푸시는 당신의 손길에 우리의 희망을 두게 하소서. 당신의 영이시라면 이 땅의 얼굴도 새롭게 바꿔 내실 수 있습니다. 저 하늘만 아니라 이 땅도 당신의 영광으로 가득 채워질 수 있습니다. 온전한 세상을 위한 싸움에서 패한 이들이 생명의 월계관을 쓸 수 있는 것은, 당신의 영이 바로 이 세상을 위해 끝까지 용감히 싸우시기 때문입니다.

아주 먼 곳에 있는 것처럼 보이는 사람들 가운데 당신의 자비하심으로 은혜를 누리고 변화를 경험한 이들이 과연 누구인지 우리는 알지 못합니다. 자신이 아직 어둠 속에서 더듬거리고 있노라고 고백하는 사람들, 겉보기에는 그 마음이나 행동이 당신의 계명을 어기고 있는 사람들,

우리가 그들보다 낫다고 생각하지 않습니다. 그러므로 우리가 우리 자신에 대해 말해도 되는, 고백하고 싶은 최후의 말은 우리의 말이 아니라 당신의 말, 당신의 은혜의 말씀입니다. 그러므로 우리가 고백하는 영은 당신의 거룩하신 영입니다. 우리는 지금 그 은혜를 누리고 있으며, 영원히 그 은혜와 함께할 것입니다. 아멘.

희망을 구하는 기도

은혜의 하나님, 영원한 생명의 하나님, 당신께 간구합니다. 우리 안에 희망을 더하시고, 그 희망을 더욱 강하게 하소서. 진정 강한 사람들이 가질 수 있는 덕—희망. 진정 믿을 만한 사람들이 가질 수 있는 힘—희망. 어떤 일에도 흔들리지 않는 사람들이 가질 수 있는 용기—희망. 그 희망을 베풀어 주소서. 언제나 당신을 갈망하게 하소서. 우리 존재가 당신으로 인해 끝없이 채워짐을 갈망하게 하소서. 항상 당신을 의지하고 당신의 신실하심을 의지하게 하소서. 언제나 의연하게 당신의 권능을 붙잡게 하소서. 우리가 언제나 이런 마음을 갖게 하소서. 성령으로 우리 안에 이런 마음을 일으키소서. 그러면 우리는 희망의 덕을 갖게 될 것입니다. 그러면 우리는 삶의 과제를 담대하게 붙잡고 씨름할 것입니다. 우리 안에는 의미 없는 일과에 대한 지겨움이 아니라 쾌활함과 확신이 자리하게 될 것입니다. 우리는 우리의 일을 하면서, 전능하신 분이 우리 안에서, 우리를 통해, 혹은 우리의 힘이 다 사라진 자리에서 우리 없이도 당신이 기뻐하시는 뜻에 따라 당신의 영광과 당신의 구원을 이루심을 알게 될 것입니다. 우리 안에 당신의 희망을 굳세게 하소서.

영원하신 하나님, 그러나 가장 영광스러운 희망은 당신의 독생자이십니다. 그분은 당신의 무한하신 본성을 영원부터 영원까지 가지고 계십니다. 당신이 그분께 그 본성을 선물하셨고, 영원히 그 아들을 낳기라도 하시는 듯 계속 그 본성을 선물하고 계시기 때문입니다. 그분은 우리가 가장 희망하고 갈망하는 모든 것을 가지고 계십니다. 그분은 지혜와 능력, 선과 아름다움, 생명과 영광이십니다. 그분은 모든 것 안에 있는 모든 것이 되십니다. 바로 **그분**, 당신의 아들에게 당신은 모든 것을 주셨습니다. 그런 그분이 우리 것이 되셨습니다. 그분이 사람이 되셨습니다. 당신의 영원하신 말씀, 영광의 하나님이 육신이 되셨습니다. 그분은 우리 중의 하나처럼 되셨습니다. 그분은 자기를 바닥까지 낮추시고 인간의 모습을 입으셨으며, 인간의 육체, 인간의 영혼, 인간의 생명, 인간의 운명의 가장 소름 끼치는 최악의 가능성까지도 경험하셨습니다.

거룩하신 아버지, 당신의 아들은 진실로 인간이 되셨습니다. 경외하는 마음으로 그 앞에 무릎 꿇습니다. 당신의 사랑이 드러내신 이 놀라운 신비를 그 누가 측량할 수 있겠습니까? 당신의 사랑이 너무나 놀라운 것이기에 사람들은 그 사랑에 오히려 분노하고, 당신의 아들이 인간이 되신 말씀을 미련하고 미친 것으로 치부합니다. 그러나 우리는 믿습니다. 도저히 이해할 수 없는 사랑, 너무나 대담하고 과격한 사랑, 당신의 그 사랑을 믿습니다. 그것을 믿기에 거룩한 희망으로 환호성을 터뜨립니다. 우리 안에 계신 그리스도—영광스러운 희망! 당신이 우리에게 아들까지도 주셨는데, 무엇을 더 남겨 두시고 무엇을 더 아끼시겠습니까? 당신의 모든 것, 당신의 본성까지 그대로 가지신 당신의 아들을 우리가 우리 안에 가지게 될 때에 우리에게 무엇이 부족하겠습니까?

그분은 정말 우리 것이 되셨습니다. 그분은 아담 안에서 우리의 자매인 마리아의 아들, 아담 가문의 아들, 우리 인간과 동일한 성정과 본질과 근원을 가지신 분입니다. 만일 우리 인간 모두가 당신의 계획, 당신의 창조 섭리에 따라 하나의 거대한 가족 공동체, 운명 공동체를 이룬다면, 만일 당신의 아들이 이 거대한 가족 공동체, 운명 공동체의 일원이 되신다면, 우리도, 하와의 가련한 자식인 우리도 그 아들과 같은 가족, 같은 운명을 갖게 됩니다. 우리는 가장 먼저 태어나신 아들, 유일하게 태어나신 아들의 형제입니다. 하나님의 독생자의 형제이며, 그분의 영광을 함께 상속할 자들입니다. 우리는 그분의 은혜에 참여합니다. 그분의 영에 참

칼 라너의 기도

여하고 그분의 생명에 참여합니다. 십자가를 통해 그분의 운명에 참여합니다. 그분의 영원하신 영광에 참여합니다. 이제는 우리가 우리의 삶을 사는 것이 아니라 우리 형제이신 그리스도가 우리 안에 사시며, 우리를 통해 그분의 생명을 이어 가십니다.

예수 그리스도의 아버지, 우리의 아버지, 보소서! 우리가 당신 아들의 생명에 참여하기를 원합니다. 우리의 삶을 주관하셔서 당신 아들의 삶과 동일한 모습이 되게 하소서. 그분은 우리 안에서 자신의 삶을 이어 가시되, 이 세상 모든 시간이 끝날 때까지 그리하실 것입니다. 우리 안에서, 우리 삶 속에서 그분의 영광, 위대하심, 아름다우심, 복되신 능력을 드러내실 것입니다. 우리가 삶 가운데 만나는 것은 결코 눈먼 운명이 아닙니다. 당신 아들의 생명의 한 조각입니다. 우리의 기쁨을 그리스도의 기쁨으로 받아들이렵니다. 우리의 성공을 그분의 성공으로, 우리의 고통을 그분의 고통으로, 우리의 고난을 그분의 고난으로, 우리의 노동을 그분의 노동으로, 우리의 죽음을 그분의 죽음으로 받아들이렵니다.

계속해서 간구합니다. 우리에게 특별히 예수의 삶에 동참할 수 있는 은혜를 허락하소서. 기도하시는 분, 예수의 삶에 동참하게 하소서. 그는 영과 진리로 하나님을 경배하는 위대한 예배자이십니다. 오직 그분을 통해 우리의 기도는 은혜의 보좌로 상달됩니다. 그분 안에서 기도하기를, 그분의 기도와 하나되어 기도하기를 원합니다. 성령으로 우리는 그분과 하나되고, 그분은 우리에게 기도를 가르치십니다. 그분이 친히 드리신 기도를 우리에게 가르치십니다. 언제나 기도하고, 쉬지 않고 기도하고, 끈질기게 기도하는 법, 깊이 신뢰하며 겸손하게 기도하는 법, 영과 진리로 기도하는 법을 가르치십니다. 이웃을 향한 사랑 없이는 한마디의 기도도 당신의 마음에 들 수 없기에, 이웃을 향한 참된 사랑으로 기도하는 법을 가르치십니다. 그분이 친히 기도하신 것을 기도하라고 가르치십니다. "당신의 이름이 거룩히 여김을 받으시며, 당신의 뜻이 이루어지며, 당신의 나라가 우리에게 오게 하소서." 우리가 먼저 당신의 영광을 위해 기도할 때, 우리가 우리 자신을 위해 이 땅에서의 복락과 근심을 붙잡고 드리는 기도까지 들어주실 것입니다. 우리에게 기도의 영, 집중의 영, 하나님과 하나됨의 영을 주소서.

주님, 나의 가련한 마음을 받아 주소서. 이 마음은 당신에게서 멀리 떨어져 있을 때가 너무나 많습니다. 이 마음은 물 없는 메마른 땅과 같으며, 내 일상을 채우고 있는 수천 가지 허망한 일들로 흐릿해져 있습니다. 주님, 당신만이 내 마음을 하나로 모아 당신을 향해 나아가게 하실 수 있습니다. 당신은 모든 마음의 중심, 모든 영혼의 주님이십니다. 당신만이 기도의 영을 보내 주시며, 당신의 은혜만이 내가 온갖 세상 것들, 일상의 부산스러운 모든 것들을 헤치고 당신을 찾도록 하십니다. 당신만이 내게 꼭 필요한 한 가지, 당신 안에 있을 때에만 내 마음이 고요해지는, 꼭 필요한 한 가지입니다. 당신의 영을 보내 주셔서 나의 연약함을 도우소

칼 라너의 기도

서. 우리가 무엇을 구해야 할지 모를 때, 당신의 영이 말할 수 없는 탄식으로 우리를 대신해 간구하게 하소서. 모든 사람의 마음을 아시는 당신이 우리를 대신해 간구하시는 그 영을 통해 우리의 갈망을 들으십니다.

마지막으로 가장 어렵고 가혹한 것을 간구합니다. 내 삶의 모든 고난 속에서 당신 아들의 십자가를 알아볼 수 있는 은혜를 구합니다. 그 십자가에서 도저히 헤아릴 수 없는 당신의 거룩하신 뜻을 발견하고 경배하게 하소서. 당신이 원하신다면 그 십자가의 길을 걸어가신 당신 아들을 따르게 하소서. 나의 안위를 위함이 아닌 당신의 영광을 위하는 삶을 추구하며 살아갈 수 있는 섬세한 영적 감각을 허락하소서. 내게 허락된 십자가를 속죄의 마음으로 기꺼이 지고 나가게 하소서. 고난의 때에 괴로워하는 것으로 끝나지 않고, 고난 속에서 성숙하고 인내하는 존재, 사사로움을 여읜 존재, 부드러운 존재가 되게 하소서. 모든 고난이 사라진 그 나라를 간절히 사모하게 하소서. 당신을 사랑하고 고통 가운데서도 당신의 사랑을 믿으며, 어둠 속에서 당신의 빛을 의지하는 이들의 눈에서 모든 눈물 씻겨 주시는 그날을 간절히 사모하게 하소서. 나의 고난이 당신의 약속에 대한 믿음의 고백이 되게 하소서. 당신의 선하심과 진실하심에 대한 소망의 고백이 되게 하소서. 내가 당신을 나보다 더 사랑한다는 고백, 아무런 대가 없이 오직 당신 때문에 당신을 사랑한다는 고백, 그 고백이 내 사랑의 고백이 되게 하소서.

나의 주님의 십자가가 나의 스승이 되게 하소서. 나의 능력, 나의 위로, 모든 어두운 의문의 해답, 모든 밤을 비추는 빛이 되게 하소서. 그 십자가로 인해 우리 주 예수 그리스도를 자랑하게 하소서. 우리가 그리스도인의 존재와 삶 가운데 성숙하도록 하셔서, 십자가를 불행한 것, 불합리한 것으로 여기지 않고 당신의 거룩한 부르심의 징표, 우리가 영원히 당신 것임을 알리는 신비롭고 확실한 징표로 받아들이게 하소서. 그 말씀은 신실하시니 그 말씀과 함께 죽으면 그와 함께 살 것이요, 그 말씀과 함께 견디면 그와 함께 다스릴 것입니다. 아버지, 우리는 당신의 아들과 모든 것을 나누기 원합니다. 그분의 생명, 그분의 거룩하신 영광, 그분의 고통, 그분의 죽음도 나누기 원합니다. 십자가를 허락하시되, 십자가를 지고 나갈 힘도 허락하소서. 십자가를 통해 당신의 은혜를 경험하게 하소서. 우리에게 십자가를 허락하소서. 주님의 지혜는 그 십자가가 우리의 멸망이 아니라 우리의 구원임을 알고 계십니다.

우리 안에 살아 계시는 성자 그리스도시여, 당신은 우리 영광의 희망이십니다. 우리 안에 머무소서. 우리의 삶을 당신의 진리에 온전히 맡기게 하소서. 우리의 삶이 당신의 삶과 같아지게 하소서. 나의 안에 머무소서. 나의 안에서 기도하소서. 나의 안에서 고난당하소서. 그 이상 바랄 것이 없나이다. 당신이 내 곁에 계시면 나는 부요합니다. 당신을 발견한 사람은 당신의 능력과 승리를 발견한 사람입니다. 아멘.

죄의 비참함에 대하여

다시 당신 앞에 섭니다. 나의 하나님, 당신은 거룩하시고 의로우신 분, 진실하시고 신실하신 분, 정결하시고 선하신 분입니다. 당신 앞에 설 때마다 모세처럼 엎드려, 베드로처럼 이렇게 외치게 됩니다. "주여, 내게서 떠나소서. 나는 죄인입니다." 나는 압니다. 여기서 내가 할 수 있는 말은 이 말 한마디뿐입니다. '당신이 나를 불쌍히 여겨 주십니다.' 나는 당신의 놀라운 자비가 필요합니다. 죄인이기 때문입니다. 하지만 나는 죄인이기에 그 자비를 얻을 만한 자격이 없습니다. 겸손한 마음으로 당신의 헤아릴 수 없는 자비를 신뢰하고 갈망합니다. 나는 마냥 버림받은 존재가 아닙니다. 이 땅에서 살지만 은혜의 하늘을 그리워하며 살아갑니다.
이유를 알 수 없는 선물, 나 같은 사람도 불쌍히 여기시는 그 선물을 기
쁨의 눈물로 겸손히, 그러나 기꺼이 받아안습니다.

주님, 나의 비참함을 보소서. 내가 당신 말고 누구에게 피하겠습니까?
당신이 나를 참아 주심을 생각하지 못한다면, 당신이 지금도 나를 선대
하심을 경험하지 못한다면, 내가 어떻게 나 자신을 견뎌 낼 수 있겠습니
까? 나의 비참함을 보소서. 당신의 종을 보소서. 게으르고 고집스럽고
경솔한 종입니다. 나의 옹졸한 마음을 보소서. 당신의 사랑 안에서 자기
를 맘껏 드리려 하지 않고 아주 최소한만 드리는 수준입니다. 나의 기도
를 들어 보소서. 어쩔 수 없이, 투덜거리면서 의무감에 떠밀려 드리는 기
도입니다. 당신과 대화하는 듯하다가도 뭔가 다른 주제로 넘어가면, 오
히려 마음이 편안해지는 꼴입니다. 나의 노동을 보소서. 일상의 강요에
못 이겨 억지로 몸을 움직일 뿐, 당신을 향한 진실한 사랑에서 우러나온
것이 아니기에 언제나 그럭저럭입니다. 내가 하는 말을 들어 보소서. 자
기를 떨쳐 낸 선함과 사랑의 말은 찾아보기 힘듭니다.

오, 하나님, 보소서! 당신은 대단한 죄인이 아니라 비천한 죄인을 보
고 계십니다. 죄를 지어 봤자 늘 자질구레한 일상적인 죄, 악한 짓을 저
지른다고 해도 대단한 것이 아닙니다. 그러나 하나님, 이 문제를 깊이 생
각해 보면 큰 충격에 빠집니다. 지금 나에 대해 말한 것은 하나같이 미지

근한 자의 특징이 아닌가요? 미지근한 자보다는 차라리 차가운 자가 낫다고 하지 않으셨습니까? 나의 평범함이란 결국 은폐 수단이 아닐까요? 내 안의 가장 못된 것을 가리려는 것 아닐까요? 그것은 자기도취의 마음, 비겁하고 비열한 마음, 게으르고 무감각한 마음, 고결하고 드넓은 아량이라고는 조금도 찾아볼 수 없는 마음.

이처럼 초라한 나의 마음을 불쌍히 여기소서. 크고 높으신 하나님, 사랑의 하나님, 기쁘고 복되신 하나님, 넘치게 주시는 하나님! 이 초라하고 메마른 마음에 성령을 부어 주셔서, 온전히 변화될 수 있게 하소서. 당신의 심판을 두려워하며 죽어 있는 나의 마음에 성령의 불꽃이 타오르기를 원합니다—나의 마음이 다시 깨어날 수만 있다면! 성령이 이 마음을 두려움과 떨림으로 채우시기를 원합니다—모든 희망을 잃어버리고 낙담한 인생 위에 덧씌워진 사자死者와도 같은 뻣뻣함을 털어 낼 수만 있다면! 성령이 이 마음을 겸손과 뉘우침으로 인도하시기를 원합니다—성령이 당신의 거룩하심을 향한 갈망과 당신의 은혜의 능력에 대한 믿음으로 이 마음을 채워 주신다면! 당신의 영이 나의 마음을 찾아오셔서, 하늘 생명을 시작하는 거룩한 참회를 일으켜 주시기를 원합니다. 당신의 영이 나의 마음을 찾아오셔서, 당신을 섬길 때마다 마음이 담대하고 생기 넘치고 명랑하고 용감해질 수 있게 해주시기를, 당신의 크신 능력을 신뢰할 수 있게 해주시기를 원합니다. 당신이 내게 당신의 은혜를 부어 주셔야만, 내가 그 은혜 없이는 살 수 없다는 것을 비로소 깨닫습니다. 오로지 불쌍히 여겨 주심을 선물로 받아야만, 내가 가련한 죄인이라는 사실을 깨닫고 인정할 수 있습니다. 오직 당신의 사랑만이 나를 미워하되 절망하지 않을 수 있는 용기를 주십니다.

거룩하신 하나님, 당신은 나를 불쌍히 여겨 주셨습니다. 당신의 아들은 나를 위해 자기 생명을 바치셨습니다. 그래서 나 같은 사람도 당신의 자비를 간구할 수 있게 되었습니다. 죄의 대가는 죽음이건만, 그분이 그 값을 치르셨습니다. 그래서 나는 철저히 죄로 물든 어둠의 인생 속에서도 절망하지 않습니다. 주님이 다시 오실 때까지 주님의 죽음을 선포하는 그 신비를 찬양합니다. 그래서 죄와 육신의 무기력함이 나를 짓누르는 것 같을 때에도 끝내 믿음을 포기하지 않을 수 있습니다. 십자가에 달리신 그분을 통해 모든 것이 달라졌습니다. 어둠은 빛으로, 죽음은 생명으로, 텅 빈 외로움은 가득 찬 친밀함으로, 무기력은 능력으로!

십자가에 못 박히시고 부활하신 그분이 나를 위해 임재하시는 성례전을 통해, 모든 자비의 아버지이시고 모든 위로의 하나님이신 당신께 이렇게 간구합니다. 오, 하나님, 당신의 크고 풍성하신 자비를 따라 나를 불쌍히 여기소서. 나의 가련한 마음이 당신의 인자하심을 영원히 찬양하게 하소서. 아멘.

교회를 위한 기도

나의 하나님, 교회를 위해 기도합니다. 성만찬이 거행될 때마다 교회를 위해 기도합니다. 나의 신앙은 오직 공동체를 통해 계속될 수 있으며, 그 공동체는 예수의 거룩한 교회를 이루는 지체들의 공동체입니다. 그러므로 교회가 참으로 나의 신앙의 고향이며 터전이라는 사실은 (다른 무엇보다도) 나의 구원을 위해 중요합니다.

당신이 아무런 거리낌 없이 부어 주신 은혜의 능력으로 교회는 항상 그런 역할을 감당할 것입니다. 그러나 교회는 가련한 죄인들로 이루어진 공동체라는 사실을 부정할 수 없습니다. 그런 교회도 내 신앙의 기초가 되고, 내 신앙의 집이 될 수 있습니다. 당신을 믿는 것이, 나를 향한 당신의 사랑이 거두실 압도적인 승리를 믿는 것이 교회로 인해 쉬워질 때도 있고, 어려워질 때도 있습니다. 내가 다른 이들보다 낫다고 생각하지는 않습니다. 교회가 하나님의 은혜로부터 나온 것임을 보여주는 찬란한 빛과 같은 존재라니요? 절대로 나는 아닙니다. 나는 교회의 한 지체로서 교회를 드러낼 뿐입니다.

그렇기 때문에 솔직하게 말합니다. 교회의 형제자매들이 내게는 큰 시험이 되기도 합니다. 하나의 교회, 거룩한 교회, 보편적이고 사도적인 교회를 믿으며, 성도의 교제를 믿으며, (그래서) 영생을 믿노라고 기도하는데, 그렇게 말하기가 불편한 것입니다. 교회에서 높은 자리를 맡은 사람들은 너무나 지루하고 고리타분하고, 자기 직책의 평판에만 신경 쓰고, 근시안에다가 권력욕에 취한 것처럼 보일 때가 있습니다. 부정적인 의미에서 보수적이고 교권주의적인 사람들입니다. 그런 자들이 거룩한 척 무게를 잡거나, 자기들의 선행과 봉사를 교묘하게 드러내거나 하면 더 불쾌해집니다. 그럴 수밖에 없지요. 그들이 자기들의 과실과 오류를 공식적으로 분명하게 시인했다는 소리를 들어 본 적이 없습니다. 그들이 원하는 것은, 오늘 우리가 그들의 오류 없음을 믿는 것이며, 과거 그들이 저지른 엄청난 과실과 태만을 잊는 것입니다. 그들은 특정 범죄 행

칼 라너의 기도

위에 대해서는 격하게 분노하지만, 그런 행위들의 궁극적 원인, 사회 구조에 대한 거룩한 분노는 잃어버린 지 오래입니다. 이런저런 도덕적인 잣대를 들이대지만, 모든 영혼과 마음을 뒤흔들고 산산이 부수는 기쁨, 곧 당신이 자기 자신을 우리에게 선물해 주신 은혜의 복음으로 인한 기쁨은 더더욱 느껴지지가 않습니다. 정말 필요한 것은 당신의 영광스러운 은혜에 대한 찬송, 당신이 우리에게 주시는 넘치는 생명에 대한 찬송입니다. 도덕적인 설교는 그 찬송에 덧붙여진 사족일 뿐, 그래야 사람들이 설교에 더 귀를 기울일 것입니다.

교회의 근엄하고 거추장스러운 몸짓이 노쇠한 유럽 교회의 답답하고 숨 막히는 모습처럼 보일 때가 많습니다. 온 세상의 교회라고 말은 하지만, 유럽 교회를 온 세상에 수출한 것 같은 모양새입니다. 이제 그런 문제에 대해서는 더 말하고 싶지도 않습니다. 삼백여 년 전 우리는 '마녀'들을 불태워 죽였습니다. 도대체 마녀라는 것이 어디 있느냐며 속이 뒤집어진 사람들도 있었을 것입니다. 물론, 오늘의 교회에는 그런 식의 집단적 광기는 없는 것 같습니다. 하지만 우리 사회에는 여전히 다른 모습의 집단적 광기가 존재하고, 교회도 별 생각 없이 그 광기에 동조하고 있는 것은 아닐까요? 그 옛날 집단적 광기에 휘말려 든 사람들 중에는 선한 의지를 가진 경건하고 학식 있는 사람, 심지어 성인 반열에 든 사람도 있었습니다. 그들은 자기 행동이 예수의 복음과 얼마나 어긋나는지를 깨닫지 못했습니다. 오늘의 교회는 과연 이런 혐오스러운 죄악에 맞설 수 있는 힘을 충분히 갖추고 있을까요? 그것을 우리가 어떻게 알 수 있을까요? 그런 능력이 있다는 것을 어떻게 증명할 수 있을까요?

나의 하나님, 편협하고 죄 많은 우리를, 비참하고 바보 같은 우리를 불쌍히 여기소서. 이런 우리가 당신의 교회를 이루고 있습니다. 당신의 대리자代理者들을 불쌍히 여기소서. (솔직히 나는 이 표현을 좋아하지는 않습니다. 그 누구도 하나님의 대리자가 될 수 없기 때문입니다.) 우리를 불쌍히 여기소서. 교회의 책임자들을 실컷 비난하다가 도리어 그들보다 교회의 신망을 떨어뜨리는 데 기여하고 싶지 않습니다. 어리석게도 '여전히' 교회에 남아 있을지 말지를 고민하는 사람이 되고 싶은 마음은 더더욱 없습니다. 그 대신 밝은 눈을 가지려고 합니다. 오늘날에도 교회를 통해 일어나는 당신 은혜의 기적을 목격하기를 원합니다. 솔직히 말해, 나는 교회에서 중요한 일을 맡은 사람들, 대개는 사회적으로도 꽤 잘된 사람들보다는 별로 눈에 띄지 않는 사람들에게서 이런 기적을 더욱 확실하게 봅니다. (예를 들어, 대학생 안드레아는 일 년 동안 어느 사회복지시설에서 무보수로 세탁 봉사를 했습니다. 인생 초반에 이미 처절한 실패를 경험한 청소년들이 머무는 시설에서 그들의 옷가지를 빠는 일이었지요.) 어쩌면 나는 '지배'와 '권력'이 너무 싫은 나머지 눈이 흐려져 있는지도 모릅니다.

모든 것에도 불구하고 거룩한 교회를 기꺼이 칭송할 만한 이유는 충분합니다. 모든 시대 모든 교회는 당신의 은혜를 고백합니다. 인간이 생각할 수 있는 모든 것 위에, 말로 다할 수 없이 높은 곳에 계신 분이 바로 당신이라는 사실을 교회는 끊임없이 고백합니다. 그러므로 나는 언젠가 교회의 끝이 될 하나님 나라의 도래를 기대하면서도, 당신의 교회가 마지막 날까지 건재하리라고 믿습니다. 교회를 생각하면 어쩔 수 없이 찾아오는 쓰라린 탄식, 교회에 하나님의 긍휼하심이 임하기를 간구하는 기도로 이 교회를 찬양합니다. 주님의 자비로우심을 찬양합니다.

제단의 성례전

주님, 거룩한 교회의 제단에서 거행되는 성례전[성만찬]Sakrament 앞에 무릎 꿇습니다. 구원받은 모든 백성과 맺으신 새 언약, 영원한 언약의 성례전 앞에 무릎 꿇습니다. 주님, 당신을 우러러봅니다. 살과 피로, 몸과 영으로, 신성神性과 인성人性으로 우리 가운데 계시는 당신을 바라봅니다. 당신을 경배합니다. 찬양합니다. 감사합니다. 당신은 우리 가운데 계시며 당신의 죽음을 알리십니다. 그 죽음은 세상의 밤, 우리와 우리의 죄로 인해 당신이 배신당하시고, 당신의 죽음으로 인해 온 세상이 하나님의 침묵의 신비 속으로 넘어가는 밤입니다. 당신의 죽음은 제물, 하늘과 땅을 화해시키는 제물입니다. 또한 우리 모두가 제물, 우리 자신에게서 뜯겨 나와 하나님께 바쳐지는 희생 제물입니다. 우리는 이미 그 변화의 순간에 이 세상을 보전하시고, 거룩하게 하시고, 구원하시는 성령의 타오르는 불꽃, 그 보이지 않는 불꽃 속으로 휩쓸려 들어갑니다.

주님, 아버지의 영원하신 말씀, 아버지의 아들, 그리고 사람의 아들이신 당신과 우리를 하나로 연합시키는 성례전 앞에 무릎 꿇습니다. 이 빵을 먹을 때 우리는 당신 안에, 당신은 우리 안에 계십니다. 우리가 당신을 맛볼 때 당신은 우리를 당신 안으로 변화시키시며, 믿음과 소망과 사랑이 자라나게 하십니다. 생명의 빵, 영광의 증표이신 당신께 참여함으로 우리는 모두 하나가 됩니다. 우리의 자기 중독이 심판당하고, 우리를 자유롭게 하나되게 하며, 모든 것을 한데 모으는 사랑의 힘을 맛봅니다. 하나의 거룩한 교회인 우리가 새 언약의 제물이신 당신을 받아 먹을 때, 우리는 당신의 죽음을 선포하는 것입니다. 당신이 오실 때까지 그렇게 하는 것입니다. 그러면 당신은 우리 곁에서, 우리 안에서 당신의 죽음의 신비를 늘 새롭게 하십니다. 우리는 당신의 죽음 속으로 잠겨 들어갑니다. 성찬을 받을 때마다 우리는 그 신비를 고백합니다. 죽음의 신비, 생명 자체이신 죽음의 신비를 고백합니다. 당신은 우리의 양식이십니다. 당신의 말씀에 깃든 진리 안에서 우리에게 양식이 되십니다. 당신은 진실로 말씀이십니다. 영원부터 영원까지 모든 진리의 아버지이신 그분이 스스로를 드러내시는 바로 그 말씀이 되십니다.

주님, 우리 안에 계시옵소서. 당신을 누리게 하소서. 모든 진리를 뒤흔드는 거룩한 불안으로 계시옵소서. 인간의 모든 진리를 뛰어넘는 최고의 진리로 계시되, 진리의 엄정함을 보여주소서. 이 빵은 그림자의 세상, 비유의 세상 속에 살아가는 이들에게 영원한 말씀의 충만한 징표이자 너울입니다. 그러나 우리가 삶 속에서 깨닫고 고백할 수 있는 인간적 진리로도 계시옵소서. 우리가 언젠가 얼굴과 얼굴을 맞대고 바라보기를 소망하는 영원한 진리의 징표이자 언약으로 계시옵소서. 우리가 당신을 받을 때, 모든 진리 안에 계신 그 진리로 우리에게 오소서. 영원한 사랑과 하나인 영원한 진리의 희망으로 오소서. 성만찬 자리에서 당신의 인성은 우리를 당신의 신성과 연결해 주는 증표입니다. 당신의 인성은 우리를 어루만지시며 우리를 거룩하게 구별하십니다.

그러므로 이 성만찬을 통해 우리의 참 모습을 되찾게 하소서. 몸과 영혼이 순수하고 진실한 사람, 당신의 은혜가 참으로 존재함을 보여주는 징표가 되는 사람, 우리와 더불어 살아가는 이들과 우리가 섬겨야 하는 이들을 위해 그 은혜의 능력을 보여주는 사람이 되게 하소서. 마지막으로, 당신을 그저 숨어 계신 하나님으로 여기는 우리, 우리의 삶과 죽음 속에서 침묵하시는 하나님, 희생 제물로 드려지신 하나님으로만 바라보는 우리에게 영원한 생명의 보증이 되어 주소서. 진리의 생명, 무한한 자유의 생명, 빛의 생명, 그림자 없는 밝음의 생명, 하나님의 측량할 수 없음을 거룩하게 먹고 마시는 생명, 모든 피조물이 아버지께로, 모든 것 안에 계신 모든 것 되시는 아버지께로 넘어감을 끊임없이 '아멘'으로 받아들이는 생명, 바로 그 생명입니다.

　교회의 희생 제사, 당신의 살과 피를 받는 이 성만찬 자리에서 행하는 모든 일은 당신의 은혜를 통해 우리의 삶 속에서도 한결같이 행하고 경축할 것입니다. 우리의 일상, 중요한 순간들, 삶과 죽음 속에서도! 언젠가 우리가 이 세상과 이별할 때, 우리의 죽음이 당신의 죽음 속으로 받아들여질 때, 밤이 우리를 뒤덮고 아무런 도움도 구할 수 없을 때, 죽음의 위엄, 말로 표현할 수 없는 위엄 속으로 모든 것이 가라앉을 때, 그때도 성만찬으로 우리의 마지막 여정의 양식을 삼도록 자비를 베풀어 주소서. 그리하여 우리의 죽음을 통해 당신의 죽음, 곧 구원하시는 죽음을 선포하게 하소서. 우리가 성만찬으로 경축하는 그 구원의 죽음을 선포하게 하소서. 당신의 죽음이 우리가 맞을 죽음의 영원한 의미이자 능력이 되도록, 우리가 지금 당신의 성만찬을 믿고 소망과 사랑으로 경축하게 하소서. 주일과 평일, 우리 삶의 한복판에서 성만찬의 생명을 새롭게 깨달으며 살아가도록 은혜를 허락해 주소서.
　주님, 우리가 걷게 될 수많은 길들이 있지만, 언제든 당신의 성만찬으로 우리를 인도하시고, 아버지의 나라에 이르도록 이끌어 주시기를 원합니다. 그 아버지께, 당신을 통해, 성령 안에서 모든 존귀와 영광이 영원히 있을지어다. 아멘.

성만찬과 일상

나의 마음으로 들어오소서! 오, 주님, 십자가에 달리신 분, 죽음을 겪으신 분, 사랑을 베푸시는 분, 진실하신 분, 인내하시는 분, 겸손하신 분, 이 세상 어느 외진 곳에서 길고 고된 삶을 받아들이신 분, 당신을 잘 안다고 생각하는 사람들에게 오해를 받으시고 친구들에게마저 사랑받지 못하고 배반을 당하신 분, 첫걸음부터 이미 율법에 매이고 정치에 시달리셔야 했던 분, 망명자의 아이, 목수의 자식, 소리쳐도 귀담아 듣는 사람 하나 없는 설교자, 사랑해도 사랑으로 되돌려 받지 못한 인간, 높으시지만 그 높이를 알지 못하는 세상에 둘러싸인 분, 버림받은 분, 하나님께 버림받은 자리까지 떨어지신 분, 모든 것을 희생하신 분, "나의 하나님, 나의 하나님, 어찌하여 나를 버리십니까?" 하고 외치면서, 아버지의 두 손에 자신을 내맡기신 분!

당신을 당신의 모습 그대로 받아들이기 원합니다. 당신을 나의 삶 가장 깊은 곳의 법으로 삼기 원합니다. 나의 삶의 짐이면서 힘으로 삼기 원합니다. 내가 당신을 받아들일 때, 나의 일상도 있는 그대로 받아들입니다. 당신께는 나의 마음의 고상한 감정을 이야기할 필요가 없습니다. 당신 앞에 그저 나의 일상을 있는 그대로 펼쳐 놓습니다. 그것은 내가 당신에게서 그 일상을 받아들이기 때문입니다. 일상과 그 안의 빛, 일상과 그 의미, 일상과 그것을 버텨 낼 수 있는 힘, 그리고 평범함 속에 감춰진 당신의 영원한 생명이 드러나는 것을….

한 평신도의 기도

주님, 나는 교회에서 '평신도'라는 말을 들을 때마다 살짝 화가 납니다. 일반적으로 평신도라는 말은, 어떤 특정한 사안에 대해 잘 모르거나, 전혀 모르는 사람들을 가리키는 말처럼 쓰이곤 합니다. 하지만 내게도 예수의 가르침과 하나님 나라의 복음을 최선을 다해 연구하고 이해할 권리와 의무가 있습니다. 그래 봤자 성직자들의 지식과 경험에는 못 미칠 것이라고 생각하지만, 그런 생각이 반드시 옳은 것은 아닙니다.

성직자들이 가진 특정한 권한을 내가 가진 것은 아닙니다. 그런 권한을 가지고 싶은 마음도 전혀 없습니다. 그 권한이 아무리 중요하다고 해도 결국은 모두 단 하나의 과제를 수행하기 위한 것이며, 그 과제는 내게도 똑같이 주어진 과제입니다. 그것은 철저하게 한 사람의 그리스도인이 되어야 한다는 과제입니다. 하나님의 영의 인도하심을 받아 예수 그리스도를 따름으로 하나님께 나아가는, 한 사람의 그리스도인이 되는 것이야말로 유일한 과제입니다. 이렇듯 가장 중요한 것의 관점에서 볼 때, 성직자들은 내 위에 있는 것이 아니라 나와 나란히 있는 것입니다. 하나님의 은혜는 성직자가 주관하는 성례전의 징표를 통해서만 오지는 않습니다. 하나님의 은혜는 하나님의 자유로운 섭리의 영역이며, 그분은 구하는 모든 이들에게 그 은혜를 베푸십니다.

거룩하신 하나님, 진정한 그리스도인이 되고자 하는 나의 책임감은 이런 고민 속에서 점점 자라나고 있다는 것을 압니다. 지금의 나를 붙들어 주는 은사들을 다른 이들을 위해서도 풍성하게 흘려보내고 있는지 스스로 점검해야 합니다. 나는 설교 강단에 서지는 않습니다. 하지만—그보다 훨씬 어려운 일—내 삶으로 복음을 증언하는 것은 반드시 해야 하는 일입니다. 우리가 살고 있는 세상은 그리스도교적인 것을 대놓고 거부하지는 않지만, 그렇다고 진심으로 사랑하는 것도 아닌, 종교적인 것은 모두 금기시하는 세상입니다. 이런 세상에서 살아가는 나는 소심하게도 적절한 자리, 적절한 시간에 내가 누구인지 드러내는 것을 어려워합니다. 하나님을 바라보고 그분의 은총 가운데 살아가는 사람만이 자기 자신의 문제, 자기 삶의 문제를 해결할 수 있다는 사실을 받아들이지 못합니다. 용감하고 탁 트인 그리스도인들은, 언뜻 보기에 모든 문이 꽉 닫혀 있는 것처럼 보이는 상황에서—단단한 장벽처럼 버티고 서 있는 것들을 뛰어넘으며—신앙을 증언함으로 다른 이들에게 참 자유인의 모습으로 '다가온다'는 것을 알고 있습니다. 그런데 나는 왜 이렇게 겁이 많고 연약할까요? 요즘은 '사도의 전통'이나 '선교'와 같은 단어들은 너무 구시대 느낌을 주는 것 같습니다. 하지만 그 내용과 본질은 포기할 수 없습니다. 그것이 내 안에 깃들어 있지 않다면, 나의 평신도 신앙도 빈약하고 유약하다는 증거가 아닐까요?

하나님, 그리스도인이라는 이름에 부끄럽지 않은 한 사람의 평신도가 될 수 있는 용기와 능력을 내게 허락하소서.

정의와 박애를 위한 기도

당신은 우리가 우리 스스로 수행해야 할 과제, 마땅히 우리의 자유로
행해야 할 일까지도 당신께 엎드려 구하기를 원하십니다. 그렇게 하지
않고서는 될 수 없는 일이기 때문입니다. 이 세상 역사歷史 속에서 우리
가 당신의 동역자인 것은 사실이지만, 그것은 당신이 그렇게 정해 놓으
셨기 때문이며, 우리 자신의 일이라는 것도 결국에는 당신의 은혜요 당
신의 역사役事입니다. 그러므로 우리가 무언가 하고 있는 듯 보이지만, 사
실은 당신이 하신 일, 당신의 일입니다. 우리 자신도 당신의 작품입니다.
하나님, 당신께 감사드립니다. 우리가 모든 권한을 독점하고 일을 벌이

면, 공허하고 사악하기까지 한 허무만이 남을 것입니다.

하지만, 오, 도저히 이해할 수 없는 하나님, 인류 역사의 고통스러운 절규가 내 안에서도 터져 나옵니다. 우리가 걸어온 역사는 우리 눈에 분명하지 않아서, 이를 과연 **당신의** 유산으로 볼 수 있을지 모르겠습니다. 아벨을 쳐 죽인 돌멩이로부터 우리 시대의 유대인 수용소 가스실에 이르기까지, 모든 것이 말로 다 표현할 수 없는 끔찍한 만행, 비행, 불행, 그리고 죽음입니다. 당신은 이렇게 말씀하시겠지요. '그런 일은 내가 허용하기는 했지만 원하지 않은 일, 너희 자유로 행한 것이다.' 맞습니다. 하지만 도저히 이해할 수 없는 하나님, 내가 바울로부터 시작하여 아우구스티누스를 거쳐 수많은 위대한 신학자들에게 듣고 배운 것이 있습니다. 그것은 우리의 자유, 적어도 내가 보기에는 사악한 그 자유마저도 당신 의지의 힘, 당신의 측량할 수 없는 예정의 힘에 의해 감싸여 있다는 사실입니다. 그 불가항력의 힘을 가로막을 수 있는 것은 없습니다. 인간의 자유도 그 힘을 방해할 수 없습니다. 그 압도적인 힘은 굳이 우리의 자유를 제거하지 않더라도 완벽한 자유 안에서 원하는 바를 이루어 갑니다.

내가 (당신이 아니라!) 자신에게 이런 말을 하는 것은, 당신의 뜻과 심판의 파악 불가능성 속으로 침잠하려는 것도 아니고, 인간의 모든 척도를 무너뜨리는 신이라면 존재할 이유가 없다고 주장하는 우리 시대의 어설

폰 지식인들과 맞서 당신의 절대 주권을 옹호하려는 것도 아닙니다. 사실, 내가 말하는 것도 우리 귀에는 들리지 않는 비판, 곧 당신의 파악 불가능성이라는 비판 아래로 떨어지고 맙니다. 그러므로 내가 이런 말을 하는 것은 오직 **당신**께 정의와 박애를 구하며 기도하는 상황을 스스로 납득하기 위함입니다. 마땅히 **우리**가 실현해야 할 정의와 박애를 당신이 주시기를 간구하고 있으니 말입니다.

나는 알고 있습니다. 우리의 잠재적인 이기주의, 교묘히 합리화된 이기주의에 맞서 치열한 싸움을 싸우고, 우리의 인색한 마음으로부터 조금이나마 정의와 박애를 끄집어내려고 노력해야 하는 것은 다른 누군가가 아니라 바로 **우리**입니다. 나는 알고 있습니다. 그 소중한 미덕을 기준으로 영원한 구원과 영원한 저주를 가르는 심판이 열릴 때, 그 자리에 소환되어야 할 사람은 다른 누군가가 아니라 바로 나 자신입니다. 나는 알고 있습니다. 오늘날 정의와 박애의 과제는 단순히 경건한 내면에서만 일어나는 개인적 문제가 아니라, 경우에 따라서는 혁명이라도 일으켜서—예수께서 '산상설교'를 통해 주신 비폭력의 명령을 가슴에 새기더라도—반드시 해결해야 할 문제입니다. 세상 역사가 계속되는 동안에는 우리의 과제를 당신께 떠넘길 수 없음이 엄연한 사실이지만, 그럼에도 나는 알고 있습니다. 당신이 예수를 통해, 당신의 아들이자 우리의 형제이신 예수를 통해 당신의 거룩한 정의와 박애의 과제를 정해 주지 않으

칼 라너의 기도

셨다면, 우리에게는 정의와 박애의 과제가 주어질 수 없습니다.

그러므로 감히 이렇게 말합니다. 당신이 우리에게 명령하신 정의와 박애를 허락해 주소서. 당신이 이 기도를 지금 듣고 계시며 마침내 들어주신다는 사실이 내게도 분명해지려면, 기나긴 인류 역사가 끝날 때까지 기다려야 한다는 사실을 알고 있습니다. 그럼에도 내가 이런 기도를 드리는 것을 용서하소서. 내가 사는 동안 조금만, 아주 조금만 더 정의(어쩌면 상식!)와 인간애를 경험하기를 원합니다. 당신은 이렇게 말씀하십니다. '가서, 네가 내게 구하는 것을 행하라.' 그리고 나는 당신의 뜻을 따를 뿐입니다.

평화를 위한 기도

이 세상과 땅, 그 위의 모든 인간을 지으신 거룩하신 창조주 하나님, 당신은 인류가 역사 속에서 수많은 악행을 저지를 뿐 아니라, 지구적 차원의 자살행위로 스스로를 완전히 파멸시킬 수 있는 단계까지 발전하는 것을 허용하셨습니다. 인류 역사가 이대로 계속되다가 파멸하는 것이 아니라 당신의 빛과 당신의 평화 속에서 끝나야 한다면, 이런 두려운 발전의 가능성은 당신이 막아 주셨어야 하는 것 아닙니까? 아니, 어쩌면 이 마지막 가능성이야말로 당신이 누구이시며, 우리가 누구인지를 가장 또렷하게 보여주는 증거일까요? 피조물이 다다른 가장 높은 곳이 결국

칼 라너의 기도

은 완전한 파멸, 저 아래서 기다리고 있는 파멸을 바라보면서 무작정 뛰어내려야 하는 곳, 절벽 꼭대기였던 것일까요?

어쩌면 당신은 이런 전 세계적인 자살행위를 보셔도 전혀 경악하지 않으실 것 같기도 합니다. 당신은 그 옛날 가인의 형제 살해를 보셨으며, 모든 시대, 모든 자살행위를 지켜보셨을 테니까요. 하지만 당신의 피조물, 우리 인간에게는 이 전체적인 형제 살해, 전 세계적인 자살행위를 바라거나, 무관심으로 그것을 허용할 권한 따위는 없습니다. 아무 생각 없이 그런 현실을 받아들이거나, 세상은 원래 그렇다고 생각하는 것만으로도 지옥에 떨어져 마땅하다는 사실, 그것은 너무나 끔찍한 우리의 현실일 뿐 아니라 가능성입니다. 당신이 인류 역사 전체가 군중의 광기와 미궁으로 내닫도록 하셨으니, 이제 우리에게 남겨진 일이라고는 우리를 지으신 우리 하나님 앞에 울면서 엎드리는 것밖에 없습니다.

당신의 두려운 심판을 받게 될 가장 끔찍한 짓은 무엇일까요? 인간적으로 볼 때 가장 끔찍한 사건일까요? 아니, 어쩌면 언뜻 보기에는 대수롭지 않은 일일까요? 아무도 알 수 없습니다.

물론, 당신은 이미 확실하게 말씀하셨지요. 어떤 방식이든 당신은 인류 역사의 마지막을 생각하고 계시며, 그 마지막을 친히 주관하시리라고 말입니다. (그래서 우리가 관심을 가질 수밖에 없습니다.) 하지만, 오, 자비로우신 하나님, 결국 인류의 자살행위 때문에 종말이 찾아올 것이라고 생각해야 합니까? 그런 미친 짓은 당신의 심판에 맡길 수밖에 없지만, 막중한 책임을 지고 있는 소수의 사람들이 저지르는 전 세계적인 자살행위는 누가 보아도 극악무도한 죄입니다. 우리가 살기를 원하시며, 우리에게 위임된 삶을 당신의 측량할 수 없는 사랑의 선물로 받아들이기를 원하시는 당신의 창조 의지에 대한 우주적인 반역입니다.

아, 하나님! 이런 자살행위는 우리의 잘못입니다. 당신은 절대로 원하지 않으시는 일입니다. 그러나 눈앞의 것에 연연하고, 그나마 눈이 멀어 제대로 보지도 못하면서 군중 심리에 휘말리기도 하고 극단적인 선택도 하는 우리의 교만도 결국에는 당신의 압도적인 자유의 힘 안에, 당신의 끝없이 깊은 섭리의 힘 안에 있습니다. 자비로우신 주님, 이처럼 측은하고 초라한 피조물이 감히 당신의 책임감에 호소하는 것을 허락하소서. 우리가 할 수 있는 것은 우리가 해야 한다는 사실, 그것은 너무나도 옳은 일입니다.

이를테면, 핵무기로 인한 인류의 자멸을 막아 내고 (어쩌면 훨씬 더 중요한!) 자멸의 가능성까지도 방지하되, 핵무기의 위협을 그것에 상응하는 핵무기로 맞서서 평화를 지킬 수 있다는 어리석은 궤변에 속지 않아야 합니다. 그 참혹한 파국을 막을 수 있는 유일한 길은 오직 합리적인 협상이라고 주장하지만, 그 협상의 주체들이 한 치의 양보도 없는 이기주의로

똘똘 뭉쳐 있을 뿐, '산상설교'의 우직한 용기도 없고 당신 아들의 십자가 사랑에는 아무런 관심도 없는 자들이라는 사실을 꿰뚫고 그런 주장에 휩쓸리지 않아야 합니다. 그러면서 우리가 할 수 있는 일을 해야 합니다.

그럼에도 자비로우신 하나님, 나는 당신을 소리쳐 부릅니다. 당신의 자비를 간구합니다. 당신은 언제든 우리를 멸하실 수 있으며, 더러워질 대로 더러워진 인류 역사를 끝장내실 수 있습니다. 그러나 당신의 아들이 십자가에서 죽으심으로 세상을 구원하셨는데도, 이천 년이 지난 뒤에는 그저 끝내실 역사를 수백만 년이나 끌어오셨다는 말입니까? 진정한 역사가 당신의 복음의 빛 속에서 이제 비로소 시작되었는데 그저 끝내시렵니까? 자비로우신 하나님, 인류가 더 살아갈 수 있도록 허락하소서. 인류는 당신의 위대하신 영광을 전혀 다른 모습으로 찬양할 수 있습니다.

그러므로 주님, 이 세상 모든 이들에게 용기를 주셔서, 평화를 위해, 군비 감축을 위해 노력하게 하소서. 교회에도 용기를 주소서. 이기심으로 가득한 인간과 인간 사이를 노련하게 화해시키는 기술을 가르치는 것이 아니라, 십자가의 어리석음으로 평화를 위해 헌신하고 진정한 정의의 길을 보여줄 수 있도록 도우소서. 권력자들의 마음을 돌이키셔서, 그들의 교활한 권력 쟁탈전을 정당한 자기방어로 위장하지 않게 하시고, 군사력을 더욱 강화해야 평화를 이룩할 수 있다는 거짓으로 다른 사람들과 자기 자신을 속이지 않게 하소서. 마지막으로, 우리가 우리의 삶 속에서 사사로움 없이 정의와 평화를 위해 헌신할 수 있도록 우리를 가르치소서.

칼 라너의 기도

문화를 창조하는 이들을 위한 기도

영원하신 하나님, 모든 인간의 하나님, 보이는 것이나 보이지 않는 것이나 모든 사물의 하나님, 모든 역사의 하나님, 모든 문화의 주님이시며, 목적, 힘, 빛이신 하나님, 오늘 우리는 문화를 만들어 가는 사람들을 위한 기도를 올립니다.

주님, 그들을 위해 기도하는 사람이 있을까요? 그러나 우리는 알고 있습니다. 그들의 목표, 그들의 창조적인 능력, 그들의 노동, 그들의 작품을 당신이 원하십니다. 그 이유는 자신의 본질을 완전히, 늘 새롭게 펼쳐 내는 인간을 당신이 원하시기 때문입니다. 멋진 작품이 된 인간, 이것이 당신이 원하시는 인간입니다. 자신의 작품을 통해 자신의 본질을 실현하고, 발견하고, 표현하는 인간을 당신은 사랑하십니다. 그 본질이란, 당신의 빛나는 영광의 형상입니다. 당신의 뜻에 합당하게 이루어 낼 모습은 오직 당신의 은혜를 통해서만 가능해집니다. 당신은 시인들의 아버지, 모든 빛의 영원한 근원, 모든 참된 영감의 영이십니다. 그러므로 우리는 당신께 간구합니다. 당신의 성령이 그들에게 임하시기를 간구합니다. 우리 가운데 창조적인 능력을 가진 이들, 사상가, 시인, 예술가들을 세워 주소서. 우리에게는 그런 사람들이 필요합니다.

"사람이 떡으로만 살 것 아니요 하나님 말씀으로 살 것이라"는 말씀은 그들에게도 적용됩니다. 젊은 예술가들이 소명을 따라 살아갈 수 있는 용기를 허락하소서. 돈맛에 중독되거나 그저 기분 전환을 원하는 천박한 자들의 싸구려 박수갈채에 도취되어 그 소명을 저버리지 않도록 도우소서. 그들이 몸소 경험한 것을 드러냄으로, 인간 안에 있는 무언가를 언어나 그림, 음악이나 행위로 표현할 때 모든 것을 담아낼 수 있도록 해주소서. 그들에게 참된 경험을 허락하소서. 인간이란 그저 허무의 지옥, 철저히 봉쇄된 지옥에 불과한 존재가 아니라, 당신의 자유와 무한성의 하늘 아래 펼쳐진 아름다운 축복의 땅과 같은 존재라는 사실을 경험하게 하소서. 그들이 당신의 이름을 항상 부를 필요는 없습니다. 그들이 당신의 이름을 드러내어 부를 때는, 오직 가장 순수한 기쁨의 숨결이 그들을 감쌀 때, 혹은 마지막 고통의 숨결이 그들을 찾아올 때뿐입니다. 일상 속에서는 침묵으로 당신을 경배합니다. 그저 이 땅과 사람들을 칭송하는 것처럼 보일 것입니다. 그러나 그들의 마음은 언제나 드러나지 않게 당신을 고이 품고 있습니다. 바로 그 마음에서 작품이 탄생합니다. 그러면 가장 작은 노래 한마디가 하늘의 환호성의 메아리가 되고, 가장 어두운 심연을 그려 낸 한 줄 글귀는 빛과 정의와 영원한 사랑을 향한 그리움에 감싸이고 당신의 자비하심에 감싸입니다. 가벼운 웃음을 선사하는 시도조차도 우리의 일상을 사랑하시는 당신의 부드러운 인내심을 슬쩍 엿보게 해줍니다.

주님, 그들에게 빛을 바라볼 수 있는 용기, 기쁨을 누릴 수 있는 용기를 허락하소서. 우리 시대의 어둠 속에서, 우리 마음의 황량한 가난 속에서 그런 용기를 가질 수 있음은 당신의 은혜입니다. 그들에게 그 용기를 주시기를 간구하는 이유가 있습니다. 그것은 바로 우리가 그런 고귀한 용기가 필요하기 때문입니다. 그들에게 분별과 결단의 용기를 주소서. 쓸데없는 궤변을 늘어놓지 않게 하소서. 그들의 작품을 보면서, 갈라짐이 없는 온전한 마음이 그것을 이루어 냈음을 느끼게 하소서. 그 마음은 모든 것을 향해 열려 있는 마음, 모든 것 안에서 당신을 찾는 마음, 당신 안에서 모든 것을 찾는 마음, 선과 악, 빛과 어둠 사이에서 비겁한 평화를 구하지 않는 마음입니다. 그들에게 늘 새롭게 시작할 수 있는 용기를 주소서. 그래야만 그들의 출발점이 언제나 태초의 진리임을 알게 될 것입니다. 그들이 하는 말을 지켜 주소서. 세속적 평범함으로 똘똘 뭉쳐 있는 권력이 듣고 싶어 하는 말이 아니라, 당신의 영이 그들의 마음에 주시는 것으로 말하게 하소서. 때때로 그들이 허무함에 사로잡히거나, 창조적 기운이 사라졌다고 느끼거나, 시대의 둔감함에 좌절할 때 그들에게 믿음을 허락하소서. 당신 앞에서는 허무함도 허무한 것이 아님을 알게 하소서. 당신은 그들의 작품을 보실 때마다 경탄하시며, 그들의 무너진 마음을 부드럽게 당신의 마음에 기대게 하심을 믿게 하소서.

당신의 영원하신 말씀, 당신의 본성의 광채, 당신의 영광의 형상, 예수께서 친히 우리의 육체 안으로 들어오셔서 모든 인간적인 것을 그분의 현실로 받아안으셨습니다. 그 사건은, 이 세상 최고 예술가가 자기 작품 속으로 빠져드는 것보다도 더 근본적이고 강력하며, 더 황홀한 사랑의 사건이었습니다. 그분은 자신의 손으로 지으신 생명의 한복판에 자신의 심장을 가져다 놓으심으로, 인간이 당신의 영광의 표현, 그 영광의 형상이 되도록 하셨습니다. 그러므로 우리가 의식하든 의식하지 못하든, 문화를 창조하는 모든 행위는 당신의 말씀이 빚어내시는 역사의 한 부분입니다. 모든 것은 자기가 찾아간 세상이 되기 때문입니다. 그 세상에 가서 그곳을 경험하고, 그곳에서 함께 아파하고, 그곳을 아름답게 변화시키기 위해 그 세상이 됩니다. 그 세상이 없다면, 그 말씀도 영원토록 당신의 말씀이 될 수 없습니다. 우리가 중보의 기도를 올리는 그 사람들도 이 사실을 깨닫게 하소서. 그들이 만들어 내는 것은 엄격히 보면 둘 중 하나입니다. 하나는 십자가, 곧 당신의 아들을 못 박아서 우리의 죄를 드러낸 그 십자가의 한 부분, 그것으로 인한 심판이고, 다른 하나는 그 아들의 영원한 나라가 도래하는 한 부분, 그것으로 인한 은혜입니다. 그 나라는 바깥으로부터 이 세상의 심판과 종말의 모습으로 다가올 뿐 아니라, 이 땅의 현실 한복판으로부터 신비로운 은혜의 모습으로 다가옵니다. 이것은 당신의 말씀이 피조물에게 임하셔서 모든 사물의 핵심이 되셨기에 가능해진 일입니다. 그러므로 그들이 만들어 내는 모든 것은 당신의 나라, 진리와 사랑의 나라, 몸과 영, 땅과 하늘로 이루어진 온전한 인간이 영광스럽게 변모되는 나라가 반드시 도래한다는 약속일 수 있습니다. 아니, 그 약속일 수밖에 없습니다. 그들이 그 나라를 선포하고 넓혀 나가는 사람들이 되게 하소서. 당신의 창조적인 능력에 참여하는 인간이 만들어 낸 모든 것이 영광스럽게 변모하여 영원한 구원을 누리게 하소서. 당신의 아들의 영을 그들에게 부어 주셔서, 당신의 이름을 이제와 영원무궁토록 찬양하게 하소서. 아멘.

산 자의 하나님

이 세상을 떠난 이들을 떠올리며

한때 나의 사람들, 그러나 지금은 나를 떠나간 사람들, 그 모든 이들의 주님, 이 세상을 떠난 그 사람들을 생각하며 당신 앞에서 기도합니다. 수많은 사람들이, 너무나 많은 이들이 떠나갔기에 그들의 모습을 한번에 떠올릴 수도 없습니다. 내 안의 슬픔이 그들 모두와 인사를 나누고 싶을 때면 기억 속에서 나의 인생 여정을 천천히 되짚어갑니다. 그럴 때마다 이런 장면이 그려집니다. 나의 인생이라는 길 위로 한 무리의 사람들이 지나가고 있습니다. 많은 이들이 함께 가고 있습니다. 그런데 매 순간 한 사람이 이별 인사도 없이 조용히 그 무리에서 벗어나, 저만치 멀어지다가 다른 골목으로 꺾어져 들어가 밤의 어둠 속으로 사라지는 것입니다. 새로운 사람이 또 나의 인생 속으로 들어와서 함께 여행을 하니 언뜻 보면 아무 변화도 없는 것 같지만, 나의 사람들은 점점 줄어들기만 합니다. 여전히 많은 이들이 같은 길 위에 있습니다. 하지만 진정 나와 함께하는 사람은 얼마 안 됩니다. 나와 **함께** 순례길을 걷고 있다고 말할 수 있는 것은 예전부터 나와 함께 그 길을 시작한 사람들, 오직 그 사람들뿐입니다. 내가 당신을 향해, 나의 하나님을 향해 걷기 시작했을 때, 그때부터 내내 함께했던 사람들, 내 마음이 아주 가깝게 느껴졌던 사람들, 지금도 그렇게 느끼는 사람들, 오직 그들뿐입니다. 물론, 지금 한길을 걷고 있는 동행들이 있습니다. 제법 많은 사람들입니다. 만나면 반갑게 인사도 하고 서로 기꺼이 도와줍니다. 계속해서 새로운 사람들이 오고 또 갑니다. 하지만 내 인생의 오랜 행렬, 서로 사랑하는 사람들로 가득 차 있던 행렬은 점점 작아지고 점점 조용해집니다. 그러다가 때가 되면 나도 조용히 일어나 그 대열에서 빠져나옵니다. 저만치 걸어가다가 아무 인사도 없이, 되돌아오는 일도 없이 어느 골목으로 사라질 것입니다.

그래서 지금 내 마음은 이미 나를 떠나간 사람들을 향하고 있습니다. 누구도 그들을 대신할 수 없습니다. 진정 서로를 사랑하는 사람들이 있었는데, 갑자기, 너무 뜻밖에 한 사람이 떠나면, 세상 누구도 그 자리를 채울 수가 없습니다. 참된 사랑이라면 한 사람을 다른 누군가로 대신할 수 없습니다. 참된 사랑은 한 사람을 사랑하되, 가장 깊은 곳, 그 사람이 가장 그 사람으로 존재하는 그곳까지 내려가는 사랑입니다. 그러므로 죽음이 내 삶을 습격할 때, 이 세상을 떠난 사람들, 나를 떠나간 그들은 내 마음의 일부를 가져가 버립니다. 아니, 아예 내 마음을 송두리째 가져가 버릴 때도 많았습니다. 누군가를 진정으로 사랑했던 사람, 사랑하는 사람의 삶은 자기가 죽기도 전에 이미 죽은 이들과 더불어 사는 삶으로 변해 갑니다. 사랑했던 사람이 떠났다고 그 사람을 잊어버릴 수 있을까요? 정말 사랑했던 사람이라면, 아무리 잊어버렸다고, 울 만큼 울었다고 하더라도 그것은 충분히 위로를 받았다는 뜻이 아닙니다. 오히려 그가 느끼는 슬픔의 까마득함을 드러냅니다. 그런 말은 자기 마음의 한 부분이 실제로 함께 죽었으며, 그래서 살아 있지만 죽은 것이고, 그래서 더이상 슬퍼할 수도 없다는 뜻입니다.

그렇게 나는 죽은 이들과 함께 살고 있습니다. 죽음의 어두운 밤, 아무것도 할 수 없는 그곳으로 먼저 간 이들과 함께 살고 있는 것입니다. 그러나 죽은 이들과 어떻게 함께 살 수 있을까요? 어떻게 나의 사랑과 그들의 사랑이 하나의 현실이 될 수 있을까요? 나의 하나님, 나에게 답을 주십시오. 죽은 자의 하나님이 아니라 산 자의 하나님이라고 스스로 말씀하신 주님, 나에게 답을 주십시오. 어떻게 그들과 함께 살아야 할까요? 그들이 여전히 존재하고 계속 존재할 것이라고 말하는 것이—오, 주님! 심지어 철학자들도 그렇게 말합니다만—내게 무슨 소용이 있습니까? 그들이 정말 **나와** 함께 있습니까? 죽은 그들은 내가 정말 사랑했고 여전히 사랑하기에 나는 **그들과** 함께 있는 것입니다. 그러나 그들은 **나와** 함께 있는 것일까요? 그들은 떠났습니다. 아무 말도 없습니다. 그들의 목소리가 내 귓가에 들려오지 않습니다. 그들의 부드럽고 따스한 사랑이 내 마음을 채우지 못합니다. 죽은 이들은 얼마나 고요한지요! 죽은 이들은 왜 그렇게 죽어만 있는지요! 내가 그들을 잊어버리는 것이 그들에게는 아무렇지도 않다는 말입니까? 여행을 하다가 우연히 만나 그저 일상적인 말이나 주고받은 사람을 잊듯이 그렇게 그들을 잊어도 된다는 것입니까? 당신의 사랑 안에서 세상을 떠난 사람은 완전히 생명을 빼앗긴 것이 아니라, 영원하고 무한하고 충만한 생명으로 옮겨진 것이라면, 도대체 왜 그들이 전혀 없는 것처럼 느껴질까요?

나의 하나님, 그들이 들어간 빛, 당신의 빛이 너무 약해 내가 있는 곳까지는 비춰 오지 않는 것입니까? 그들의 몸만 나를 떠난 것이 아니라 그들의 사랑도 나를 떠나, 그들은 그저 당신 곁에만 머무르는 것입니까? 나의 물음은 그들이 아니라 다시 당신께로 향합니다. 죽은 자의 하나님이 아니라 산 자의 하나님으로 불리기를 원하시는 하나님!

하지만 어떻게 질문해야 할까요? 당신은 죽은 이들이 그런 것처럼 침묵하고 계십니다. 내가 이미 죽은 그들을 사랑하듯이, 아득한 곳에서 침묵하고 있는 그들, 밤의 정적 속으로 들어간 그들을 사랑하듯이 그렇게 당신 또한 사랑합니다. 나의 사랑이 당신을 외쳐 부르고, 당신이 내 곁에 계심을 느낄 수 있는 징표를 구한다면, 당신은 그런 나의 사랑을 향해 실제로 느낄 수 있는 답을 주실까요? 죽음으로 내 곁을 떠나간 이들의 침묵이 당신의 침묵의 메아리에 불과하다면, 그 사람들을 원망할 수 있을까요? 아니, 당신의 침묵은 그들의 침묵 때문에 터져 나오는 나의 탄식에 대한 당신의 대답일까요?

그래야 하겠지요. 당신은 내 마음의 모든 질문에 대한 대답, 비록 이해하지 못하더라도 최종적인 대답이시기 때문입니다. 왜 당신이 침묵하시는지 나는 알고 있습니다. 당신의 고요함은 나의 사랑이 당신의 사랑을 향해 믿음의 행위를 할 수 있는 끝없는 공간, 유일한 공간입니다. 당신의 사랑이 이 땅 위의 삶 속으로 들어와 내게 이미 명백히 알려졌으며, 내가 누구인지도 내게 분명해졌다면, 당신의 사랑 안에서 당신을 향해 감히 무언가 시도하려는 용기, 나의 사랑의 신실함을 어떻게 증명할 수 있겠습니까? 그런 것이 어떻게 존재할 수나 있겠습니까? 어떻게 나 같은 사람이 믿음과 사랑의 감격에 겨워, 당신의 나라와 당신의 마음을 향해 발돋움하듯 조금이라도 더 믿고 더 사랑하는 일이 가능하겠습니까? 나의 사랑이 믿음의 모습으로 드러나도록 당신의 사랑은 침묵의 고요함 속에 자신을 감추십니다. 내가 당신을 발견하도록 당신은 나를 떠나셨습니다.

사실, 당신이 그저 내 곁에 계신다면, 당신을 찾는다고 하면서도 늘 나 자신만 발견할 것입니다. 내가 당신이 계실 만한 곳에서 당신을 만나기 위해서는 나 자신에게서 벗어나야 합니다. 당신의 사랑은 무한하신 사랑이며, 그래서 그 사랑은 당신의 무한하심 속에 있습니다. 당신은 나에게 당신의 무한하신 사랑을 보여주시려고, 유한한 나에게는 그 사랑을 감추시고 나를 그 유한함에서 불러내십니다. 당신을 향한 나의 믿음은 어두운 밤길, 내 인생의 황량한 집을 나와 영원한 생명의 빛을 향해 걷는 길, 작고 초라한 방에 희미한 불빛만 새어 나오는 그 집에서 벗어나 당신의 영원하신 생명의 빛으로 다가가는 길입니다. 이 세상 시간 속에서 당신의 침묵은 당신의 사랑의 영원하신 말씀이 이 세상에 드러나는 모습인 것입니다.

그러므로 지금은 세상에 없는, 나의 사랑하는 사람들은 당신의 침묵을 그대로 따라 하고 있는 셈입니다. 나를 향한 그들의 사랑은 당신의 무한하신 사랑의 환호성과 뒤섞여 있어 내 귓가에는 들리지 않습니다. 그들은 당신의 무한하신 생명과 무한하신 사랑을 누리고 있기에, 그들의 사랑과 그들의 생명은 내가 '생명'이라고, '사랑'이라고 부르는 비좁은 공간 속으로 들어오지 않습니다. 나는 죽어 가는 생명을 살고 있습니다. (교회는 이를 '죽음의 연장'*prolixitas mortis*이라고 부릅니다.) 그런 까닭에, 죽음을 전혀 알지 못하는 그들의 영원한 생명을 나는 알 수가 없는 것입니다.

그러나 바로 그런 모습으로 그들은 나를 위해 살고 있습니다. 그들의 침묵은 그들의 가장 큰 외침입니다. 그것은 당신의 침묵을 되울려 내는 메아리이며, 우리를 향한 당신의 말씀과 화음을 이루고 있기 때문입니다. 이 세상을 분주히 오가며 만들어 내는 온갖 소음에 맞서, 우리가 서로를 사랑한다면서 상대에게 쏟아 내는 소심하고 조급한 언약에 맞서, 그들의 침묵은 우리와 우리의 모든 말을 감싸 줍니다. **그렇게** 당신의 말씀은 우리를 당신의 생명 속으로 부르십니다. **그렇게** 당신은 우리를 향해 명령하십니다. 사랑을 행하라, 믿음을 행하라, 우리 자신에게서 벗어나 당신의 생명 안에서 영원한 터전을 찾아내라고! 바로 그렇게 이 세상을 떠난 이들의 침묵도 우리를 부르고 우리에게 명령합니다. 그들은 이미 당신의 생명 속에 살고 있으며, 당신의 말씀을 나에게 들려줍니다. 당신은 나의 죽어 감에서 아주 멀리 계시는 생명의 하나님이십니다. 그들은 살아 있기에 침묵하고 있습니다. 우리가 있는 곳에서 들려오는 요란한 말들은 우리가 죽어 가는 존재라는 사실을 잊어버리게 만듭니다. 그러나 그들의 침묵은 나를 향한 그들의 사랑의 언어입니다. 나에게 보내는 그들의 사랑의 언어입니다.

고요하신 하나님, 고요한 죽은 자의 하나님, 산 자의 살아 계신 하나님, 침묵으로 외치시는 분, 침묵으로 나를 일깨워 당신의 생명을 바라보게 하려는 이들의 하나님, 죽음으로 나를 떠나간, 나의 사랑하는 사람들을 내가 잊지 않게 하소서. 나에게 여전히 살아 있는 그들을 잊지 않게 하소서. 그들을 향한 나의 사랑, 그들을 향한 나의 신의가 영원한 생명의 하나님이신 당신을 믿는 내 믿음의 증거가 되게 하소서. 내가 그들의 침묵을 흘려듣지 않게 하소서. 그 침묵은 그들의 사랑이 내게 들려주는 가장 진실한 언어입니다. 그들과 나의 이별로 그들의 사랑이 이제는 당신 속으로 들어가 내게 더없이 가까운 사랑이 되었으니, 그들의 가장 진실한 언어가 나와 동행하도록 하소서.

영혼이여, 죽은 이들을 잊지 말라. 그들은 살아 있다. 그들은 네게는 아직 감춰진 생명, 그러나 네 자신의 생명을 영원한 빛 속에서 투명하게 살고 있다. 산 자의 하나님, 당신께는 산 존재인 그들이 나를, 죽은 자를, 잊지 않도록 해주소서. 그들에게 이미 모든 것을, 당신 자신을 베풀어 주신 하나님, 그들의 침묵이 나를 향한 사랑을 드러내는 가장 강력한 언어가 되게 하소서. 그들을 향한 나의 사랑까지도 그들의 생명과 그들의 빛으로 이끄는 말이 되게 하소서. 나의 삶은 지금도, 앞으로는 더더욱 그들과 함께하는 삶이 될 것입니다. 누구도 막아설 수 없는 죽음의 어두운 밤 속으로 먼저 간 이들과 함께하는 삶입니다. 그 삶이, 당신의 은혜로 내 인생의 어둠 속에서도 당신의 빛을 의지하고 나아가는 믿음의 삶이 되도록 인도하소서. 그러면 나는 이미 죽은 자가 되었지만 믿음의 증거 안에서 살아 있는 이들과 함께 사는 것입니다. 눈부신 생명의 빛 속으로 들어가 사는 것입니다. 누구도 막아설 수 없는 일입니다. 당신이 바로 그

빛, 모든 현실의 충만함, 산 자의 하나님이시기 때문입니다. 나는 이렇게 기도합니다. '주님, 그들에게 영원한 안식을 주소서. 영원한 빛을 그들에게 비춰 주소서.' 나의 이 기도는 그들이 영원의 고요함 속에서 드리는 사랑의 기도를 고스란히 되울리는 메아리에 불과합니다. 그들은 나를 위해 이렇게 기도합니다. '주님, 우리가 당신의 사랑으로 이전보다 더 사랑하는 그에게, 그의 인생의 모든 싸움이 끝난 뒤 영원한 안식을 주소서. 당신의 영원한 빛을 우리에게 비추시듯 그에게도 비추소서.' 영혼이여, 죽은 이들을 잊지 말라. 모든 산 자의 하나님, 죽은 자인 나를 잊지 마소서. 그리고 그때가 오면 나의 생명이 되어 주소서.

오소서, 주님

보소서, 나의 하나님, 다시 강림절[대림절]이 되었습니다. 또다시 우리는 간절한 그리움과 기다림의 기도를 드리고, 소망과 언약의 노래를 부릅니다. 모든 어려움, 모든 그리움, 경건한 기다림은 또다시 한마디로 단단하게 모아집니다. "오소서!" 이 얼마나 이상한 기도입니까? 당신은 이미 오셨습니다. 오셔서 우리 가운데 당신의 장막을 펴셨습니다. 작고 소소한 기쁨, 기나긴 일상, 쓰라린 마지막이 있는 우리의 인생을 함께 사셨습니다. "오소서!" 이 말로 당신을 초대했을 때, 이보다 더한 것을 기대할 수 있었을까요? 이보다 더 가까이 우리 곁으로 오실 수 있었을까요? 우리가 당신을 다른 이들과 구별할 수 없을 정도로 당신은 우리의 평범함 속으로 깊숙이 들어오셨습니다. 스스로를 사람의 아들이라고 부르셨습니다. 그런데도 우리는 기도합니다. "오소서!" 이 기도는 우리의 가슴 한복판에서 울려 나오는 기도입니다. 그 옛날 당신의 날을 내다보며 그날을 축복한 선조들, 임금들, 예언자들이 그랬던 것처럼 진심으로 드리는 기도입니다. 이미 오신 주님을 경배하는 것일까요? 아니면 아직도 주님을 기다리고 있는 것일까요? 지금 우리가 당신의 오심을 간절히 기다리며, 전능하신 하나님, 장래의 아버지, 평화의 왕, 빛과 진리, 영원한 기쁨이라고 부르는 분이 바로 당신이신지요? 신약성서 첫 부분은 당신이 이미 오신 이야기를 전하지만, 그 성서의 마지막 장, 더 이상 어떤 것도 덧붙여서는 안 되는 그 장에 이런 말이 나옵니다. "주 예수여, 오시옵소서!"

당신은 언제나 오셔야 하는 분, 우리의 모든 기대가 채워지는 방식으로는 결코 오지 않으시는 분, 영원히 기다려야만 하는 분이십니까? 당신은 우리가 절대 따라잡을 수 없는 머나먼 곳에 계신 분, 모든 시대, 모든 세대, 마음의 모든 그리움이 당신을 찾아 순례길을 가고 있는데, 그 길은 끝이 없는 길입니까? 당신은 인간의 모든 행위와 모든 고통으로 가득한 이 땅을 두르고 있는 아득한 지평선, 우리가 어디로 가든지 어디서나 똑같이 아득하게 느껴지는 그런 분이십니까? 아니면 당신은 영원한 오늘,

누구에게나 동일하게 가깝고 동일하게 멀게만 느껴지는 분, 그래서 모든 시간과 모든 변화를 아무렇지도 않게 끌어안고 계시는 것입니까? 우리가 과거에 그랬지만 지금은 안 그런 모습, 우리의 까마득한 장래는 아예 기억도 하지 못할 모습을 가지고 계신 분이기에 여기 오실 마음이 없으신 것입니까? 당신은 언제나 우리가 측량할 수 없는 드넓은 곳으로 사라지시는 것입니까? 우리가 당신의 영원에 이르려고 발에 피가 나도록 달려도, 우리가 달려간 길의 갑절만큼 앞서 계시는 그런 분이십니까? 인간은 수천수만 년 전부터 당신을 찾겠다고 가장 달콤하면서 가장 끔찍한 모험을 하고 있는데, 과연 당신께 가까이 가기나 한 것입니까? 나는 지금까지 살아오는 동안 당신께 가까이 간 것입니까? 아니면 가까이 가려고 부단히 애썼지만 결국에는 당신의 아득함으로 인해 내 영혼의 쓰라림만 더 커진 것입니까? 도저히 측량할 수 없는 당신은, 어쩌면 우리에게 항상 가까이 계시기에 오실 필요가 없고, 그래서 우리는 그저 먼 곳에 머물러 있어야 하는 것입니까?

당신은 내게 말씀하십니다. 당신이 정말, 이미 오셨노라고! 당신의 이름은 예수, 마리아의 아들로 오셨습니다. 당신이 언제, 어디에 오셨는지도 알고 있습니다. 그러나 주님, 내가 이렇게 말하는 것을 용서하십시오. 당신의 오심은 오히려 가심이라고 불러야 할 것 같습니다. 당신은 종의 형상으로 자신을 감추셨으며, 우리 가운데 한 사람처럼 나타나셨습니다.

당신은 숨어 계신 하나님으로, 평범한 사람의 모습으로 우리 대열 속에 들어오셔서 조용히, 아무런 드러냄도 없이 우리와 함께 움직이셨습니다. 사실, 우리는 언제나 가고 있는 존재입니다. 오고 있는 존재가 아닙니다. 우리가 도달한 모든 것은 오로지 우리가 최종적으로 이르게 될 우리의 마지막을 향하고 있기 때문입니다. 그럼에도 우리는 외칩니다. "오소서!"

오소서, 주님! 당신은 가고 계신 분이 아닙니다. 당신의 날에는 저녁이 없으며, 당신의 현실에는 끝이 없습니다. 우리는 언제나 마지막을 향해 가고 있으니, 당신이 오셔야 합니다. 우리는 스스로의 모습에 절망합니다. 그래서 당신께 부르짖습니다. 우리가 아주 고요히, 침착하게 우리의 처지를 깨닫고 우리의 유한함을 생각할 때, 그 절망은 최고조에 이릅니다. 우리는 당신의 무한하심을 향해 부르짖습니다. 당신의 무한하심이 다가올 때, 비로소 우리는 무한한 생명을 바랄 수 있습니다. 우리 인간은, 적어도 당신이 인생의 궁극적 지혜를 허락하신 인간은, 우리가 하는 모든 일이 쓸모없는 것임을 배우게 됩니다. 그 모든 일은 우리의 무력함과 허무함이 자아내는 두려움, 질식할 것 같은 두려움에 쫓겨서 하는 일, 우리의 이런 본질을 스스로의 힘으로 벗어나 어떻게든 영원의 한 조각이라도 붙잡으려는 발버둥에 불과합니다. 결국 우리는 스스로를 도울 수 없으며, 우리 자신에게서 벗어날 수 없습니다. 그러므로 우리는 당신의 임재, 당신의 진리, 당신의 생명의 풍성함이 우리에게 내려오기를 간구합니다. 우리는 당신의 지혜, 당신의 정의, 당신의 선, 당신의 자비에 호소하며, 당신이 친히 오셔서 우리의 유한성의 장벽을 무너뜨리시고 우리의 가난을 부요함으로, 우리의 시간을 영원으로 바꿔 주시기를 간구합니다.

당신은 우리에게 오시리라고 약속하셨습니다. 그리고 당신은 이미 오셨습니다. 하지만 어떻게 오셨습니까? 무슨 일을 하셨습니까? 당신은 인간의 삶을 선택하셨고, 그 삶을 당신 것으로 삼으셨습니다. 모든 면에서 우리와 똑같이 되셨습니다. 여인에게 태어나셨고, 본디오 빌라도에게 고난을 받으셨고, 십자가에 못 박히셨고, 죽으셔서 무덤에 묻히셨습니다. 당신은 우리가 버리고 도망치려는 것을 오히려 붙잡으셨습니다. 당신이 오시면 끝나리라고 생각했던 것들, 우리의 삶, 연약함, 극도의 유한성, 죽음을 붙잡고 시작하셨습니다. 바로 이런 인간 존재를 당신은 꼭 붙드셨습니다. 그것을 변화시키거나 제거하기 위함이 아니었습니다. 그것을 아름답게 변모시키거나 거룩하게 하기 위함도 아니었습니다. 인간이 유한성이라는 작고 척박한 땅에서 마치 영원한 것이라도 되는 듯, 안간힘을 써서 조금이나마 얻어 낸 재물로 그 존재를 가득 채워 주기 위함도 아니었습니다. 당신은 우리의 인생, 있는 그대로의 우리의 인생을 당신 것으로 만드셨습니다. 당신은 이 땅 위에서 그 인생을—우리의 인생이 그런 것처럼—그저 흘러가도록 내버려 두셨습니다. 당신은 그 인생을 조심스럽게 붙잡으시고, 짓누르는 압박과 고통을 한 방울도 남김없이 빨아들여 모든 것을 낱낱이 겪어 내셨습니다. 당신의 인생에도 눈먼 자연,

눈 밝은 인간의 사악함이 번갈아 가며 잔인하고 무자비한 발자국을 남겼습니다. 인간으로 살아가던 당신이 하나님을 우러러보실 때, 가장 순수한 진리와 가장 열렬한 사랑을 담아 아버지라고 부르던 그분을 바라보실 때, 그때 당신이 마주한 것은 도무지 이해할 수 없는 길을 보여주시는 하나님, 원하기만 하면 고난의 잔을 지나가게 하실 수 있지만 결국 그 잔을 건네시는 하나님, 절대로 받아들일 수 없는 심판을 행하시는 하나님이었습니다. 아무리 그 이유를 물어도 그분의 뜻을 헤아릴 수 없습니다. 그분의 뜻 너머에 있는 영원 속으로 파고들 수가 없습니다. 달리 하실 수도 있지만 그것을 원하지 않으셨습니다. 우리는 그것을 도무지 이해할 수 없습니다.

우리를 우리 자신으로부터 구원하기 위해 당신이 오셔야 했습니다. 유일하게 자유로우신 분, 유일하게 무한하신 분, 바로 당신이 '우리와 같이 되신' 것입니다. 당신은 오시기 전의 모습 그대로였다는 것을 물론 알고 있습니다. 하지만 영원히 죽지 않으시는 분이여, 당신은 우리의 죽을 운명이 두렵지 않으셨는지요? 지극히 광대하신 분이여, 당신은 우리의 협소함이 두렵지 않으셨는지요? 완전한 진리이신 분이여, 당신은 우리의 거짓이 두렵지 않으셨는지요?

당신은 스스로 피조물에게 못 박히셨습니다. 이로써 영원히 먼 그곳에서는 당신의 절대적인 빛의 어둡고 허무한 배경으로 펼쳐 놓으셨던 것을 당신 자신의 삶으로 너무나 가깝게, 철저하게 받아안으신 것입니까? 골고다의 십자가는 당신 스스로 당신을 위해 마련해 두신 십자가, 그래서 영원의 공간 위로 치솟은 그 십자가가 눈에 보이는 모습으로 드러난 것입니까?

이것이 당신의 오심인지요? 그래서 헤아릴 수 없이 긴 역사는 하나의 웅장한 강림절 합창이 되는 것입니까? 심지어 당신을 비방하는 자들조차도 그 합창의 일부가 되어 당신을 향한 하나의 외침, 당신의 오심을 부르는 단 하나의 외침이 되는 것입니까? 당신이 우셨기 때문에 우리가 우리의 불행을 받아들이는 것입니까? 당신이 인간이 되시고 순종의 말씀을 함께 되뇌어 주셨기에, 우리가 때로 유한성에 굴복해도 끔찍한 절망의 모습만 남는 것은 아닙니다. 당신이 우리와 함께 걸어 주시기에, 끝나지 않는 우리의 길도 마침내 복된 결말을 맞는 것입니다.

하지만 어떻게 그럴 수 있는 것입니까? 우리의 삶이 당신의 삶이 되었다는 이유로 우리의 삶으로부터 구원받을 수 있다는 것입니까? 어떻게 당신은 친히 율법 아래로 내려오셔서 값을 치르시고 우리를 율법으로부터 풀어 주셨습니까?(갈 4:5) 당신의 복종이 당신의 인간에 대한 '아멘'이 되었으며 인간의 모든 기대를 거스르는 방식으로 오시는 것에 대한 '긍정'이 되었기에, 내가 내 인생을 받아들이는 것이 곧 새로운 시작이요, 그 인생의 무거운 짐을 벗어 버림이 되는 것입니까? 하지만 나의 운명이 이제 당신의 운명에 참여한다고 해서, 당신이 나의 운명을 당신의 운명으로 만드신다고 해서, 그것이 내게 무슨 소용이 있을까요? 아니면 나의 생명을 당신의 오심의 시작으로 만드신 것입니까? 당신의 생명의 시작으로?

천천히 이해되기 시작합니다. 이미 알고 있던 것을 다시 이해하게 됩니다. 당신은 언제나 오시는 중입니다. 당신이 종의 모습으로 나타나신 것은 그 오심의 시작이입니다. 당신은 친히 종이 되어 오셔서, 우리를 그 종살이에서 구원하셨습니다. 당신이 가시는 길은 끝을 맞고, 당신이 들어가시는 비좁은 궁지는 넓어지며, 당신이 짊어지신 십자가는 승리의 징표가 됩니다. 엄밀히 말해 당신은 이미 오신 것이 아니라, 아직도 오고 계십니다. 당신이 인간의 몸으로 오신 때로부터 시간의 완성에 이를 때까지는 그저 한순간—수천 년이 지나간다고 해도 당신의 은혜로 그 순간의 작은 일부가 될 뿐—입니다. 당신이 친히 인간이 되어 인간의 운명을 살아 내심으로 우리 모두와 우리의 온 운명을 움켜쥐시고, 하나님의 생명이 영원히 드넓게 펼쳐진 그곳으로 인도하시는 당신의 행동, 단 하나의 행동이 일어난 단 하나의 순간입니다. 당신이 피조물 안에서 궁극적인 행동을 시작하셨으므로, 그동안에는 더 이상 새로운 일이 일어날 수 없습니다.

이제 모든 시간은 만물의 가장 깊은 터전에 고요히 멈춰 서고 "세상의 종말이 우리 앞에 다가왔으며"(고전 10:11), 이 세상에 남은 것은 오로지 하나의 유일한 시간, 당신의 강림Advent뿐입니다. 이 마지막 날이 끝나면 더 이상 시간은 존재하지 않으며, 당신의 영원 속에 오직 당신만이 계십니다. 행동이 무르익을 뿐, 시간이 사물과 현실을 지속시키는 것이 아닙니다. 오로지 새로운 현실이 새로운 시간을 여는 것이기에 당신의 성육신을 통해 새로운 시간, 마지막 시간이 시작된 것입니다. 시간이 태중에 품고 있지 않은 일이라면, 어떻게 일어날 수 있을까요? 우리가 당신의 존재에 참여하는 일이 어떻게 가능한 것일까요? 그렇습니다. 바로 그 일이 일어난 것입니다. 당신이 기꺼이 우리 인간의 본성에 참여하셨기 때문입니다.

사람들은 당신이 다시 오시리라고 말합니다. 옳은 말입니다. 그러나 사실은 '다시' 오시는 것이 아닙니다. 당신은 인간 존재를 영원히 자기 것으로 삼으셨으며, 우리를 떠나신 적이 한 번도 없기 때문입니다. 당신이 참으로 오셨다는 그 사실만이 더욱 드러나야 합니다. 당신이 모든 것을 당신의 심장으로 끌어안으셨기에 모든 것의 심장이 변화되었다는 사실, 그것만이 더욱 드러나야 합니다. 당신은 더욱더 오셔야 합니다. 모든 존재의 근본에서 이미 일어난 일이 더욱 분명하게 드러나야 합니다. 당신이 인간의 유한성을 당신의 삶으로 받아들이셨건만, 여전히 그 유한성에서 풀려나지 못한 것처럼 느끼게 하는 거짓된 환상은 더욱 소멸되어야 합니다.

보소서, 주님, 당신은 오고 계십니다. 그것은 과거도 아니고 미래도 아닌 현재, 드디어 완성을 눈앞에 둔 현재입니다. 지금도 여전히 당신이 오시는 시간이며, 그 시간이 끝난다 해도 우리는 당신이 진실로 이미 오셨음을 알게 될 것입니다. 당신이 오시는 시간 속에서 살아가게 하소서. 그래서 당신 안에 살게 하소서. 반드시 오시는 하나님이시여! 아멘.

은혜와 심판 사이에서

주 예수 그리스도시여, 성만찬에 참여하여 당신이 주시는 용서의 말
씀을 들었습니다. 언제나 그렇듯 당신이 해주셔야 들을 수 있는 말씀입
니다. 우리는 그 말씀을 자주 듣지 못하고 살아갑니다. 당신은 자비를 베
풀기 원하시며 나를 용서하신다는 말씀, 그 말씀을 늘 새롭게 듣습니다.
지칠 줄 모르는 인내와 신실하심으로 내게 말씀해 주십니다. 나의 평생
동안 베풀어 주시는 당신의 선하심, 오래 참으심과 용납하심에 감사드
립니다. 성만찬에 참여할 때마다 당신의 은혜를 느낍니다. 당신이 약속
하시는 용서가 필요하지 않은 날이 없습니다. 당신 앞에서 죄를 고백할

때마다 당신의 은혜와 사랑이 내게 얼마나 필요한지 절실히 느낍니다. 무거운 죄의 짐을 지고 살아가는 형제들을 바라봅니다. 나도 그들에게 당신의 은혜와 사랑을 전하는 자가 되게 하소서. 인내하면서도 열린 마음으로, 겸손하면서도 지혜롭게 기도하는 사람, 함께 짐을 지는 사람이 되게 하소서. 당신의 말씀을 전하되, 그 말씀이 변화를 일으키는 능력으로 듣는 이들의 마음속에 파고들 수 있게 하소서. 당신의 용서가 자아내는 평화를 받아 누리고, 그것을 다른 누군가에게 전하는 사람이 되게 하소서. 내가 참회의 성만찬 자리에서 경험하는 이 긍휼의 심판이, 이 세상에서 누리는 성만찬과 인생의 모든 심판을 끝맺고 완성하는 최후의 심판, 나를 향해 다가오는 심판의 보증이 되게 하소서.

나는 심판을 향해 다가가고 있습니다. "사람이 한번 죽는 것은 정해진 일이요 그 뒤에는 심판이 있으리라"(히 9:27). 주님, 그날이 얼마나 가까이 와 있는지요? 내가 이별하고 싶지 않은 모든 것과 이별하게 되는 순간, 단 한 번, 완전히 혼자가 되는 그 순간, 그것이 얼마나 가까이 와 있는지요? 나는 이 세상과 시간의 십자가에 매달린 가련한 강도, 겨우 세 시간 당신 곁에 매달려 있는 짧은 인생을 살아갑니다. 그 인생을 잘 써서, 당신께 이렇게 말할 수 있을까요? '주님, 당신이 그 나라에 이르실 때 나를 기억하소서.' 내가 나의 인생이라고 부르는 그 덧없는 순간을 잘 써서, 아버지 손에 내 가련한 인생을 자유롭게, 믿음과 사랑으로 맡겨 드릴 수 있을까요? "살아 계신 하나님의 징벌하시는 손에 떨어지는 것은 무서운 일이다"라는 말이 내게는 해당되지 않도록 할 수 있을까요?

주님, 당신이 한밤의 도적같이 오실 때, 나를 심판으로 끌고 가지 마소서. 당신이 곧 오신다는 것은 알지만, 당신이 언제 오시는지는 알지 못합니다. 심판자로 오시기에 앞서 은혜의 고요한 영광 가운데 먼저 오소서. 나의 마음에 믿음의 빛과 사랑의 불꽃을 붙이시고 활활 타오르게 하소서. 당신이 거하시는 곳에 나의 영원의 집을 세우신 뒤 심판자로 오셔서, 그 집이 잘 세워져 있는지, 당신과 나의 유일한 하늘이 될 만한 곳인지 보소서. 내게 끈기의 은혜를 주소서. 당신의 긍휼을 끝까지 신뢰할 수 있는 은혜, 당신이 우리의 마음보다 크고 위대하심을 믿을 수 있는 은혜, 기도와 사랑의 은혜를 주심으로 끈기를 갖게 하소서. 내게 끈기의 은혜를 주소서. 당신이 내게 맡기신 거룩한 소명을 생각하고, 당신이 내 안에 두신 거룩한 규례를 생각하여 내 고집을 내려놓게 하심으로 끈기를 갖게 하소서.

주님, 당신의 죽음을 알리는 성만찬 앞에서 무릎 꿇습니다. 만일 내가 믿음과 소망과 사랑 안에서 당신과 연합되어 있다면, 성만찬은 또한 나의 죽음을 알리는 것이기도 합니다. 나는 당신 안에서 살고 당신 안에서 죽어야 하기 때문입니다. 내가 세례를 통해 이미 당신의 죽음에 잠겨 있었으니, 나의 죽음은 가장 엄연한 현실이 되어 나를 당신의 죽음과 연합시킵니다. 당신은 나의 죽음을 나누어 가지셨습니다. 나에게도 당신의 죽음을 주소서. 그것이 인간에게 가장 고유한 죽음입니다. 언젠가 내가 당신의 뜻에 따라 죽음을 맞이하게 될 때, 당신의 성만찬을 베푸셔서 내 마지막 여정의 양식, 영생의 보증이 되게 하소서. 그 죽음의 시간에—성만찬 자리에 있든, 혹은 그 징표가 없는 곳이든—내 곁에 계시옵소서. 원하신다면 당신이 죽음 한가운데를 지나며 겪어 내신 당신의 지독한 외로움, 내버려짐, 한도 끝도 없는 연약함으로 함께하시고, 무엇보다 당신의 은혜와 당신의 영원한 생명으로 함께하소서.

주님, 당신은 우리를 위해 죽으셨습니다. 모든 인간을 위해! 그러나 오직 그 사람만을 위해 죽으시는 것처럼 그렇게! 주님, 잊지 말아 주소서. 우리가 죽음의 시간을 보낼 때도 잊지 마소서. 당신이 우리 가운데 그 누구도 잊지 않으신다면, 모든 죽음은 당신의 죽음에 참여함이며, 모든 심판은 당신의 긍휼이 일구신 영원한 승리입니다. 아멘.

죽은 자의 부활

나의 하나님, 내 안에 남아 있어 영원의 소망을 말하는 목소리를 가만히, 더욱 세심하게 들어 보다가, 아주 특이한 문제 하나를 발견했습니다. 한편으로는, 내가 '영혼'에 대해 말하는 것을 그다지 좋아하지 않는다는 사실을 알게 되었습니다. 그 영혼이란, 죽음의 문을 통해서만 내 삶에 들어오는 영혼을 말합니다. 적어도 그런 영혼에 대해서는 웬만하면 말하고 싶지 않습니다. '영혼 불멸'에 대해서도 마찬가지입니다. 다른 신학적인 문제는 차치하고라도, 내가 나 자신을 느끼는 방식이 전부 '육체적'이기 때문입니다. 다른 한편으로는, (내가 믿는) '내세'에 대해 내가 가진 이미지가 너무 추상적이고, 철저하게 신화를 탈피한 이미지라는 사실입니다. 개인적으로는 심판의 나팔 소리나 하늘의 구름이라든지, 여호사밧 골짜기로 모이는 민족들, 무덤 문이 열리는 순간 등의 이미지들로 무슨 말을 해야 할지 늘 고민합니다. 그래서 내세에 대한 나의 생각은 이것저것 다 내려놓고 하나의 확신으로 정리되었습니다. 즉, 내가 죽음을 통과할 때 비로소 당신의 능력과 사랑과 기쁨 안에서 참된 평안을 누릴 것이라는 확신입니다. 그런데 어떤 모습으로? 그것은 '모른다'입니다. 나의 믿음을 정리한 이 문장조차도 이것이 '유비'類比일 뿐이라는 단서를 붙여 놓아야 합니다.

나의 이런 내세 신앙은, '죽은 자의 부활'에 대한 나의 확신은 '생생한' 믿음과는 너무 거리가 멀다고 보아야 할까요? 이런 나를 보면서 스스로에게 말합니다. '너는 추상적인 사고방식에 물든 합리주의자의 후예라서 그나마 있던 믿음도 점점 희미해지고 있어.' 이렇게 의심을 품어야 할까요? 그런데도 당신은 침묵을 지키고 계시며, 나를 혼란스러운 생각 속에 내버려 두시는 것만 같습니다. 어쩌면 이렇게 생각해 볼 수도 있습니다. 내가 당신에 대해, 내세와 부활에 대해 이런저런 것을 '부정한다'고 할 때—여기서는 내세와 부활을 구별하지 않고 말하려 합니다. 그것을 구별하는 문제는 좀 더 정밀한 사유를 전개하는 신학자에게 맡깁니다—그것은 내가 보기에는 그 부정된 것, 그 이미지가 원래 의도했던 것과 맞지 않아서, (예컨대, 내가 그때도 '몸'을 가지고 있다면, 하늘에서 어떤 의자에 앉아야 합니까?) 그것을 당신과 분리시키고 부활과 분리시켜서 오히려 긍정하려는 것일 수 있습니다. 당신의 무한하신 실재와 능력은 언뜻 보기에 부정된 실재를 부정하지 않고, 오히려 숭고한 방식으로 '지양'하고 보존하시기 때문입니다.

만일 우리가 '물질적인 것'은 당신과 관련해 별로 말할 것이 없다는 이유로 넘겨 버리고, 당신에 대해, 그리고 우리의 완성에 대해 '영적인 것'을 집중적으로 말하되, 이것은 완전한 변화 없이도 충분히 진지하게 말할 수 있는 것처럼 생각해서 그리한다면 너무나 안일한 태도입니다. 당신에 대해, 그리고 우리의 완성에 대해 말할 때, '영'과 '물질'은 서로 다르게 변화되고 지양된 상태에서 다루어져야 합니다. 당신에 대해, 그리고 우리의 완성에 대해 말할 때, 물질도—근본적으로 변화되고 지양된 상태에서는—충분히 다룰 만한 대상이 될 수 있습니다. 이는 당신이 우리의 구분과 관념까지도 뛰어넘어 계시는 분이기 때문입니다. 우리의 느낌으로는, 당신에게서 까마득히 멀리 떨어져 있는데—그런 판단은 어느 정도 정당한 것이기도 하지만—당신은 상상할 수 없을 만큼 가까이 계십니다. 당신은 일부 '고상한' 것들만이 아니라, 모든 것의 창조자요 근원이시기 때문입니다. 물질이라는 것도 그 자체로는 당신과 닮은 구석이 있습니다. 만일 그렇지 않다면 그것은 당신의 피조물일 수 없으며, 그 옛날 어떤 철학자들이 주장한 것처럼 하나님께 대적하는 것으로 여겨야 할 것입니다.

그러므로 나는 부활을 기쁜 마음으로 기다립니다. 부활 신앙은 이 세상의 두 번째 형태에 대한 진술이 아닙니다. 당신은 결코 물질과 동떨어지신 분이 아니며, 그 물질을 마냥 부정하시는 분도 아닙니다. 당신은 오히려 그 물질을 모든 실재의 근거로 삼으십니다. 그 안에서 만물이 변화하고 발전하여, (물론, 당신의 능력 가운데) 마침내 '영'으로까지 나아갑니다. 사실은 '천사'도 그렇게 발전한 실재에 뿌리를 둔 존재입니다. 이것을 선포하는 근본적인 진술이 부활 신앙이라고 생각합니다. 우리는 인간 존재의 결정적인 요소로, 가까이 다가섬, 바라봄, 춤, 기쁨에 겨운 환호, 맛봄, 만져 봄 등을 말합니다. 물론, 나는 인간으로서 도저히 파악할 수 없는 당신의 존재와 영광을 직접 경험하게 될 때, 과연 어떻게 그런 인간적인 요소의 여지가 남아 있을 수 있는지 잘 모르겠습니다. 그러나 그런 존재의 구체적인 표현들을 무조건 영적으로 해석할 필요는 없는 것 같습니다. 정신적이고 형이상학적인 언어는 얼핏 더 쉽게 이해되는 것 같지만, 사실 모든 의미를 희석시키는 경향이 있기 때문입니다.

완성의 시간이 오면, 우리는 모두 깜짝 놀라게 될 것입니다. 그야말로 모든 것이 우리가 생각했던 것과는 완전히 다를 테니까요. 그러나 바로 이렇게 완전히 다른 것이 지금까지 우리의 존재 양식과 너무나 가깝고 또한 잘 어울리기 때문에 크게 놀랄 것입니다. 나의 영과 나의 육신은 나의 구원자이신 하나님 안에서 기뻐 뛸 것입니다. 하나님의 영원 안에서는 시간도 우리에게 별다른 영향을 주지 못하기에, 우리가 정신적인 차원에서 개인의 완성이라고 부르던 것과 부활이라고 부르던 것 사이에 어떤 차이가 있느냐는 질문은 (우리의 시간 속에서는 그것이 비교 대상이 될 수 있는데) 내게 그다지 중요한 문제는 아닙니다.

오, 하나님, 나는 인내와 소망으로 기다립니다. 앞을 볼 수 없는 사람, 그러나 곧 빛이 떠오르리라는 약속을 받은 사람처럼 기다립니다. 죽은 자의 부활, 육신의 부활을 나는 기다립니다.

마지막에 대한 복

주 예수 그리스도시여, 어떤 일의 시작과 마찬가지로 어떤 일의 끝도 우리를 당신께 인도합니다. 당신은 모든 것의 처음이요 마지막이십니다. 주님, 우리의 마지막은 작은 시작에 불과합니다. 사명일 뿐 완성이 아니며, 선한 의도일 뿐 성취가 아닙니다. 그러나 당신은 그 시작을 허락하셨습니다. "너희 안에서 선한 일을 시작하신 이는 신실하시니 그가 이루실 것이라"(살전 5:24). 그러므로 우리는 당신께 간구합니다. 이제 다시 한 번 당신이 우리에게 맡기신 삶과 사명을 살아 내려는 우리 곁에 당신의 풍성하신 은혜가 늘 머물게 하소서.

주님, 지금 우리가 마주하고 있는 것은 옛것입니다. 언제나 똑같습니다. 우리는 연약한 죄인입니다. 새로울 것 없는 환경, 똑같은 일상, 암담한 미래는 어제나 오늘이나 동일합니다. 옛사람 것이, 같은 경험이 계속됩니다. 그러므로 우리는 우리를 믿을 수 없습니다. 우리의 계획을 믿을 수 없습니다. 우리가 열광하는 것도, 우리의 선한 의도도 믿을 수 없습니다. 그러나 우리는 당신의 은혜, 당신의 오래 참으심, 당신의 우리에 대한 인내를 믿습니다.

주님, 우리 곁에 머물러 주소서. 낮이나 밤이나 우리 곁에 머물러 주소서. 우리가 원하는 것은, 우리가 좋아하고 즐기는 고양된 감정 속에서 당신의 신실하신 임재를 느끼는 것이 아닙니다. 우리는 당신이 언제나 우리 곁에 계심을 믿습니다. 당신은 마지막까지 우리와 함께 계실 것입니다. 당신의 죽음의 쓴잔을 비워야 하는 마지막 순간까지도 함께 계실 것입니다. 당신이 우리와 함께 계십니다. 그것으로 충분합니다. 우리 곁에 머물러 주소서. 그것이 우리의 간구입니다. 당신의 거룩한 영, 하나님을 경외하는 영, 참회의 영, 겸손의 영으로 함께하소서. 우리의 죄로 인해 거룩하신 하나님의 영광을 더럽힐까 두려워하는 순결한 영으로 함께하소서. 믿음의 영, 기도를 사랑하는 영, 이 세상과 우리의 시간 속에서 당신의 복음과 당신의 나라를 위해 용기를 내고 책임을 다하는 영, 관대함과 담대함의 영으로 함께하시며, 당신의 거룩한 십자가를 사랑할 수 있는 은혜를 주소서.

시간과 영원 사이를 순례하는 이들의 거룩한 양식, 당신이 우리를 위해 그 양식이 되어 주시니, 굳건한 믿음과 참된 사랑으로 당신을 받아 먹게 하소서. 나의 생명의 주님, 모든 은혜의 근원, 죽음 가운데 붙드는 능력, 영원의 보증, 우리를 하나로 묶는 사랑의 거룩한 끈이신 당신을 받아들이게 하소서. 우리의 계획과 계산을 완전히 좌절시키는 모든 것까지도 당신의 십자가로 여기고, 참된 생명을 보여주신 당신의 죽음에 참여하는 것으로 여길 수 있는 은혜를 베풀어 주소서. 우리의 마음을 당신의 영원한 승리의 능력으로 채우소서. 당신의 나라는 영원히 계속되며, 우리가 실패하고 넘어진 자리에서도 그 나라는 승리의 함성으로 일어선다는 절대적인 믿음을 주소서.

보소서, 주님, 우리가 당신께 구하는 것은 오직 한 가지, 당신이 우리 곁에 계시는 것, 그리고 우리가 언제나 당신을 따르는 것입니다. 당신이 우리에게 이미 주신 것, 그것을 우리에게 주시기만을 간구합니다. 당신이 이미 시작하신 것, 그것을 이루시기만을 간구합니다. 우리가 당신께 구하는 것은 오직 하나, 바로 당신입니다. 당신은 육신이 되신 사랑, 하나님의 사랑 자체이십니다. 그러므로 우리는 당신이 우리의 기도를 들으시는 줄 압니다. 당신은 당신 자신을 우리에게 주셨습니다. 당신의 운명과 생명을 이 세상과 인류에게 선물하셨습니다. 당신은 우리의 친구, 우리의 형제, 우리의 존재와 운명의 신뢰할 만한 동행이 되어 주셨습니다. 당신은 모든 면에서 우리와 똑같이 되셨습니다. 당신은 우리와 함께 계시는 것을 꺼리지 않으시고, 우리의 문제를 기꺼이 당신의 문제로 끌어안으셨습니다. 당신은 언제나 우리의 기도를 들어주십니다. 우리가 당신께 우리 곁에 계셔 달라고 기도할 수 있는 것 자체가 당신이 우리 곁에 계시기에 가능한 열매입니다.

그러므로 당신께 모든 것을 맡겨 드립니다. 우리의 존재, 우리가 가진 것 모두 맡겨 드립니다. 우리의 구원, 우리의 노동, 우리의 일상, 우리의 가족, 우리의 생명, 우리의 죽음까지도. 마지막으로, 우리는 당신께 이 말을 드리려 합니다. 이것은 우리의 모든 소망, 모든 간구의 핵심입니다. 주님, 나의 모든 자유, 나의 기억, 나의 생각, 나의 모든 의지, 내가 가진 모든 것을 받아 주소서. 모든 것이 당신이 내게 주신 것입니다. 주님, 그 모든 것을 당신께 돌려드립니다. 모든 것이 당신 것, 당신의 뜻대로 온전히 사용하소서. 나는 그저 당신의 사랑과 은혜만으로 족합니다. 그것만으로 충분합니다. 아멘.

함께 기도

모든 그리스도인의 일치를 위하여

모든 일치의 근원이요 능력이신 하나님, 우리는 당신을 부르며 당신께 간구합니다. 갈라진 교회에 일치를 허락하시되, 우리 주 예수 그리스도 의 뜻에 맞는 일치를 베풀어 주소서. 우리도 교회의 일치를 이루기 위해 우리가 할 수 있는 모든 일을 스스로 해 나가야 한다는 사실을 잘 알고 있습니다. 교회의 분열은 당신이 아니라 우리 때문이니까요. 하지만 이 런 과제도 당신이 주시는 은혜의 선물입니다. 그 은혜만이 일치를 원하 게 만들고, 일치를 이룰 수 있게 합니다. 그러므로 우리의 모든 노력은 이 런 기도로 시작합니다. '주님이 우리에게 원하시는 것을 이루소서.'

모든 교회는 삼위일체 하나님을 고백합니다. 한 분이신 주님, 구원자 예수 그리스도를 고백합니다. 삼위일체 하나님의 이름으로 세례를 받고, 성령의 능력으로 다시 태어나 영원한 생명으로 다가갑니다. 성령이 우리 존재의 깊은 곳을 이미 차지하셨습니다. (그것이 우리의 소망입니다.) 그렇다면 우리 그리스도인 안에는 이미 거룩한 일치가 자리하고 있으니, 그 일치는 곧 하나님 당신입니다. 그럼에도 우리가 간구하는 일치는 구체적인 역사적 실체로서의 일치, 교회의 일치입니다. 이미 주어져 있는 궁극적인 일치에서 솟아나는 일치, 세상과 역사 앞에서 궁극적인 일치를 증언해야 하는 교회의 일치입니다. 이로써 하나의 교회가 진실하고 뚜렷하게 세상의 구원의 성례전이 될 수 있기 때문입니다.

교회의 일치는 우리의 과제입니다. 그래서 우리는 간구합니다. 성령이시여, 모든 교회를 통렬한 자각으로 채우소서. 이 땅의 교회들이 (차이는 있지만 단 하나의 예외 없이) 예수 그리스도의 몸된 교회에 어떤 잘못을 저질렀는지 깨닫게 하소서. 사람들 위에 군림하려는 지배욕, 교만, 자기 의견에 대한 집착, 사랑과 관용의 결핍을 깨닫게 하소서. 주님의 진리는 하나이나 다양한 입술로 선포될 수 있음을 받아들이지 못하는 우리 영혼의 편협성을 깨닫게 하소서. 죄인에 불과한 우리가 스스로 진리의 자리에 앉으려고 획책했던 모든 것을 두려움과 떨림 가운데 깨닫게 하소서.

주님, 비록 연약하지만 우리가 교회의 일치를 위해 일하는 동안 지혜와 신중함을 주소서. 일치를 위해 일한다는 교만한 열정에 이끌려 더 많은 분열을 가져오지 않도록 인도하소서. 교회의 지도자들에게 맑은 눈과 용기를 허락하셔서, 과거의 고유한 전통을 지키는 일에 열중하기보다는 장래의 일치에 책임감을 느끼게 하소서. 때로는 대담하게 하소서. 교회 역사에서 진정으로 중요한 개혁은 기성 권위의 완벽한 승인 없이 일어났다는 것을 기억하게 하소서. 과거로부터 유입된 것이 분열의 원인이 된 적이 많았기에 멀리 내다보지도 못하고 염려도 많은 우리는, 하나된 교회에는 과거 유산이 별로 없어야 한다고 여기지만, 생각보다 훨씬 많을 수도 있다는 유쾌한 확신을 주소서. 교회의 지도자들이 일치에 대한 올바른 확신을 갖게 하소서. 한 교회가 법이 되고 다른 교회들은 따르기만 한다면, 그것은 일치가 아니라 획일성일 것입니다. 참된 일치는 교회의 다양성이 조화를 이루는 것임을 알게 하소서.

갈라진 채 살아가고 있는 그리스도인들은 서로 다른 교회에 속한 그리스도인들도 선한 의지를 가졌으며, 제자들에게 하나될 것을 명령하신 예수의 말씀을 이루기 위해 노력하고 있음을 인정합니다. 그러나 동시에 어느 교회에 속한 누구라도 하나같이 죄인이기에, 우리의 의지가 충분히 뜨겁지도 담대하지도 창조적이지도 않음을 고백합니다. 만약 그랬다면, 교회의 일치는 벌써 실현되었을 것입니다.

244   칼 라너의 기도

거룩하시고 자비로우신 하나님, 당신이 우리에게 원하시는 일치를 향해 나아가는 온전한 의지를 허락해 주소서. 때로는 우리의 심장이 우리를 고발합니다. 권능의 성령, 일치의 영이 우리를 주관하시는 것 같지 않다고! 그렇다 하더라도 우리에게는 희망이 있습니다. 당신이 이미 베풀어 주신 용서, 이미 허락하신 일치가 죄 많은 우리의 연약함을 감싸 안아 주십니다. 언제나 변함없이! 아멘.

나의 형제여, 우리 조용히 마칩시다.

우리 안에 계신 하나님의 고요한,

그러나 너무나 강력한 은혜의 말씀을

교만하게 목소리만 큰,

그러나 연약하기 짝이 없는 인간의 말로

뒤덮어 버리지 않아야 합니다.

우리 이렇게 말합시다.

"주님, 우리의 믿음 없음을 도우소서!"

나에게

우리 주 예수 그리스도,

그분의 복음, 그분의 구원의 은혜를 믿는

믿음의 은혜를 주소서.

칼 라너